大数据驱动中国经济高质量发展

周 红 著

图书在版编目（CIP）数据

大数据驱动中国经济高质量发展/周红著．—北京：经济管理出版社，2018.12
ISBN 978-7-5096-5952-6

Ⅰ．①大… Ⅱ．①周… Ⅲ．①数据处理—作用—中国经济—经济发展—研究
Ⅳ．①F124

中国版本图书馆 CIP 数据核字（2018）第 288098 号

组稿编辑：张永美
责任编辑：杨国强
责任印制：董章平
责任校对：董杉珊

出版发行：经济管理出版社
　　　　　（北京市海淀区北蜂窝 8 号中雅大厦 A 座 11 层　100038）
网　　址：www.E-mp.com.cn
电　　话：（010）51915602
印　　刷：三河延风印装有限公司
经　　销：新华书店
开　　本：720mm×1000mm/16
印　　张：10
字　　数：145 千字
版　　次：2018 年 12 月第 1 版　2018 年 12 月第 1 次印刷
书　　号：ISBN 978-7-5096-5952-6
定　　价：55.00 元

·版权所有　翻印必究·
凡购本社图书，如有印装错误，由本社读者服务部负责调换。
联系地址：北京阜外月坛北小街 2 号
电话：（010）68022974　　邮编：100836

目 录

第 1 章 大数据驱动经济高质量发展背景研究 ········· 001

1.1 我国经济发展现状与趋势研判 ········· 001
1.1.1 我国经济发展现状 ········· 001
1.1.2 我国经济发展趋势 ········· 003

1.2 中国大数据发展的现状与趋势 ········· 006
1.2.1 大数据产业规模加速增长 ········· 006
1.2.2 大数据投融资持续升温 ········· 007
1.2.3 大数据应用领域不断丰富 ········· 007
1.2.4 促进大数据发展政策不断加码 ········· 007

1.3 大数据是经济高质量发展的动力选择 ········· 008
1.3.1 大数据的创新驱动作用 ········· 008
1.3.2 大数据的融合推进作用 ········· 009
1.3.3 大数据的精准导航作用 ········· 010

第 2 章 大数据驱动中国经济高质量发展的理论蕴含 ········· 011

2.1 大数据驱动的含义 ········· 011
2.1.1 大数据的概念、特征与内涵 ········· 011
2.1.2 大数据驱动的概念与内涵 ········· 014

2.2 经济高质量发展的含义与内涵 ········· 015

  2.2.1 经济高质量发展的概念 …………………………………… 015

  2.2.2 经济高质量发展内涵 …………………………………… 020

 2.3 **经济高质量发展的相关理论** ………………………………………… 022

  2.3.1 古典经济增长理论中的经济增长质量相关理论 ………… 022

  2.3.2 新古典经济增长理论中的经济增长质量相关理论 ……… 023

 2.4 **大数据驱动经济高质量发展的相关理论** …………………………… 024

  2.4.1 STS 理论 ………………………………………………… 024

  2.4.2 技术决定论与社会建构论 ……………………………… 025

  2.4.3 巴斯德象限理论 ………………………………………… 026

  2.4.4 赋能理论 ………………………………………………… 026

第3章 大数据驱动经济高质量发展的作用机制研究 ……………… 027

 3.1 **大数据对经济增长质量的影响** ……………………………………… 027

  3.1.1 大数据提高资源配置优化效率 ………………………… 027

  3.1.2 大数据降低交易成本 …………………………………… 028

  3.1.3 大数据提高资源使用效率 ……………………………… 029

  3.1.4 大数据提升数据资源价值 ……………………………… 030

  3.1.5 大数据推动形成以数据资产管理为核心的管理新格局 … 030

  3.1.6 大数据推动现代经济体系建设 ………………………… 031

 3.2 **大数据驱动经济高质量发展的实现路径** …………………………… 032

  3.2.1 技术驱动 ………………………………………………… 032

  3.2.2 产品驱动 ………………………………………………… 033

  3.2.3 业务驱动 ………………………………………………… 034

  3.2.4 产业驱动 ………………………………………………… 035

 3.3 **大数据驱动经济高质量发展的动力机制** …………………………… 036

  3.3.1 大数据推动产业跨界融合 ……………………………… 036

  3.3.2 大数据是一种新型生产要素 …………………………… 037

  3.3.3 大数据降低市场进入门槛 ……………………………… 037

| 目　录 |

3.3.4　大数据促进行业分工细化 ………………………………… 038

第4章　大数据驱动经济高质量发展的国际经验与启示 …………… 039

4.1　美国发展大数据经验 ………………………………………………… 039
4.1.1　保持政策前瞻优势 …………………………………………… 039
4.1.2　保持数据产业生态优势 ……………………………………… 040
4.1.3　保持技术应用拓展优势 ……………………………………… 041
4.1.4　保持大数据环境生态优势 …………………………………… 041
4.1.5　保持政府对大数据的开放优势 ……………………………… 042

4.2　德国发展大数据经验 ………………………………………………… 042
4.2.1　推动大数据与装备制造业融合 ……………………………… 042
4.2.2　推动大数据应用于生产设备 ………………………………… 043
4.2.3　推动建立可信数据网络空间 ………………………………… 044
4.2.4　推动数据保护与数据开发并行 ……………………………… 044
4.2.5　推动"智慧数据"项目开展 ………………………………… 045

4.3　日本发展大数据经验 ………………………………………………… 046
4.3.1　以实用开发为大数据发展思路 ……………………………… 046
4.3.2　以大数据企业作为研发主体 ………………………………… 046
4.3.3　以培养大数据人才为重要课题 ……………………………… 047
4.3.4　以技术与法律共同推动数据开放 …………………………… 047
4.3.5　以政府为示范推动大数据应用 ……………………………… 048

4.4　英国发展大数据经验 ………………………………………………… 048
4.4.1　财政大力支持大数据发展 …………………………………… 048
4.4.2　挖掘相关沉淀技术 …………………………………………… 049
4.4.3　以"数据银行"推动政府数据公开 ………………………… 049
4.4.4　将大数据战略融入国家产业体系 …………………………… 050

4.5　对中国的启示 ………………………………………………………… 051

第5章 大数据驱动经济高质量发展的微观案例分析 ………… 058

5.1 大数据驱动农业经济高质量发展案例分析 ………… 058
5.1.1 大数据驱动苹果产业高质量发展 ………… 058
5.1.2 大数据驱动德国"数字农业"发展 ………… 060

5.2 大数据驱动工业经济高质量发展案例分析 ………… 062
5.2.1 大数据驱动制造业流程升级 ………… 062
5.2.2 大数据驱动新能源车高质量发展 ………… 064

5.3 大数据驱动服务业经济高质量发展案例分析 ………… 067
5.3.1 大数据驱动银行业高质量发展 ………… 067
5.3.2 大数据驱动物流运输业高质量发展 ………… 069

第6章 大数据驱动经济高质量发展相关政策评述 ………… 073

6.1 中央及国务院出台的数据产业相关政策 ………… 073
6.2 有关部委出台的数据产业相关政策 ………… 077
6.3 我国发展大数据产业政策综合评述 ………… 083
6.3.1 我国发展数据产业政策取得的实践成效 ………… 083
6.3.2 我国数据产业政策存在的主要问题 ………… 084

第7章 中国大数据产业和大数据交易现状分析 ………… 090

7.1 中国大数据产业发展现状 ………… 090
7.1.1 从中央到省市地方政府陆续出台一系列数据产业政策 ……… 090
7.1.2 数据产业形态基本形成 ………… 092
7.1.3 数据交易市场成为大数据产业的重要组成部分 ………… 094
7.1.4 数据产业在区域分布上呈现出蓬勃发展态势 ………… 095

7.2 中国大数据交易市场发展现状 ………… 098
7.2.1 我国大数据交易市场的组织形式 ………… 098
7.2.2 我国大数据交易市场组织形式的比较 ………… 111

7.2.3　我国大数据交易市场特征分析 …………………………… 114
　　7.2.4　我国大数据交易市场发展面临的主要问题 ……………… 115

第8章　大数据驱动中国经济高质量发展的障碍分析 ………… 118

8.1　单纯追求"数据规模大" ………………………………………… 118
8.2　过分强调"技术驱动" …………………………………………… 119
8.3　抛弃"小数据"应用的实际 ……………………………………… 119
8.4　忽视大数据平台建设成本 ……………………………………… 120
8.5　数据资源流动不畅 ……………………………………………… 120
8.6　大数据领域缺乏领军企业 ……………………………………… 121
8.7　大数据人才匮乏 ………………………………………………… 122
8.8　大数据技术创新与支撑能力整体不足 ………………………… 123
8.9　数据标准化建设缓慢 …………………………………………… 124
8.10　数据开放进程缓慢 ……………………………………………… 124

第9章　加快大数据驱动中国经济高质量发展的对策建议 ……… 127

9.1　加快大数据驱动环境建设 ……………………………………… 127
9.2　加快建立完善大数据产业发展的相关法律制度 ……………… 129
9.3　加快大数据人才培养 …………………………………………… 130
9.4　加快夯实大数据驱动的基础设施 ……………………………… 131
9.5　加快重塑新的发展动力 ………………………………………… 132
9.6　加快推进政府数据资源开放共享步伐 ………………………… 134
9.7　加快构建新的驱动机制 ………………………………………… 135
9.8　加大财政资金对大数据重点领域关键技术自主研发的
　　　投入力度 ………………………………………………………… 137

参考文献 …………………………………………………………………… 138

第1章
大数据驱动经济高质量发展背景研究

1.1 我国经济发展现状与趋势研判

1.1.1 我国经济发展现状

1. 处于新的转型期

改革开放40年来,中国经济发展取得了举世瞩目的成就。中国经济从1978年的3678.7亿到2018年的93.28万亿元,期间GDP增长超过253倍,占全球经济的比重从1.8%提高到15.86%,排名从第12位上升到第2位。[①] 从经济增速来看,1978~2018年,中国GDP的年均名义增速高达14.8%,减去每年4.8%的通货膨胀率,年均实际增速仍高达10%。[②] 从产业结构来看,1978年我国的三产依次为:27.7∶47.7∶24.6,2018年我国三产依次为:7.6∶40.7∶51.7。[③] 从与美国的差距来看,1978年美国GDP是中国的11.02倍,而2018年美国GDP只是中国的1.52倍。对于我国这样一个近14亿人口的大国,仅用40载就完成这一成就,是世界经济发展史上的奇

[①] 2018年中国GDP和世界占比来源国际货币基金组织(IMF)2018年10月发布的预测数据。
[②] 2018年GDP计算数据采用93.28万亿元。
[③] 2018年中国三产结构是根据国家统计局我国产业结构变化趋势推测的。

迹。在经济发展过程中，我国其他各项事业也取得显著成就。从 1978 年至今，我国有七亿多贫困人口成功脱贫，占同期全球减贫人口总数的 70% 以上；城镇化率从 1978 年的 17.9% 提高到 2018 年的 60.7%[①]，城镇常住人口由 1978 年 1.72 亿到 2018 年的超过 8.1 亿。同时，我国在医疗、社保等方面均取得了非凡成就。在发展的过程中，中国经济也积累了一定问题，如内生增长动力不足、资源能源依赖较重、自然环境损害较大、经济增长方式粗放、产业结构转型升级较慢、地区发展不平衡等，这些问题在我国经济高速发展阶段并不凸显，而在我国经济增速转入中高速增长阶段则逐渐显露，因此，我国经济发展进入一个新的转型时期，即我国现阶段经济发展的主要任务是从追求速度转向追求质量。

2. 处于新的机遇期

2014 年 5 月，习近平总书记在考察河南的行程中指出："中国发展仍处于战略机遇期，要增强信心，从当前中国经济发展的阶段性特征出发，适应新常态，保持战略上的平常心态。" 2018 年 1 月 5 日，习近平总书记在学习贯彻党的十九大精神研讨班开班仪式上发表重要讲话，鲜明指出，"当前，我国正处于一个大有可为的历史机遇期"。当前世界局势变化莫测，新技术革命酝酿待发，只有抓住新技术革命的机遇才能赢得发展的主动权，才能把握新的机遇。从科技发展的现状来说，目前我国在前沿科技领域与世界各主要发达国家相比，科技差距比以往任何时候都要小，甚至在部分领域如高铁、超级计算、量子通信、载人航天、铁基超导等领域，我国与发达国家已经在同一起跑线或者更为领先。党的十八大以来，我国新经济发展速度和规模要超过预期，人工智能、大数据、云计算、移动互联网等新兴行业不断取得进步，有效推动我国其他产业升级与产品创新，我国在这些领域已经具备了一定的国际话语权。目前，我国在数字经济领域取得巨大成就，数字经济总量已经超过 27 万亿，占 GDP 的 30% 左右，对 GDP

---

① 2017 年中国城镇化率为 58.52%，2018 年采用上海交通大学城市科学研究院课题组研究报告《2016~2020 中国城镇化率增长预测报告》结论，预计 2018 年、2019 年、2020 年中国城镇化率分别为 60.7%、62%、63.4%。

增长贡献率达55%①。我国已经初步建立以互联网作为核心的新一代网络基础设施,数据资源在我国各行各业中应用水平不断提高,共享经济模式有效调动大量的社会闲置资源,产业融合速度和融合质量不断提升。同时,我国战略性新兴产业快速成长,连续五年增速超过15%,高技术制造业发展势头良好②;新产品的增长远远领先于传统产品,机器人、无人机、新能源汽车等行业规模2017年增长均超过50%;新兴服务行业快速成长,战略性新兴服务业、高技术服务业、科技服务业营业等新服务不断壮大。总之,40年的不断变革和持续奋斗形成和积累的比较优势,才让我国赢得当前的战略机遇期。

3. 处于新的探索期

改革开放40年来我国经济取得了显著成就,其中一个重要原因就是我国在对发达国家经济发展经验借鉴与学习的基础上,逐步探索出一条适合中国经济发展之路。然而,当前我国传统经济发展模式已经走到尽头,世界范围内的新兴产业发展也处于探索形成阶段,发达国家的经济发展经验对我国的借鉴效果逐步减弱。面对全球范围内的新一轮产业革命,世界各国都在探索寻求新的发展动力,我国同主要发达国家在新的前沿产业领域起点较为接近。因此,现阶段我国经济发展尤其是在人工智能、新能源产业、虚拟现实、智慧城市、无人驾驶等一系列前沿产业上可以借鉴的对象有限,很多新领域的发展模式仍不成熟或者处于空白地带,因此,在发展过程中需要开创全新的探索。

1.1.2 我国经济发展趋势

1. 迈向高质量发展是必经之路

在我国经济取得巨大成就时,我们不能忽视40年来我国为了获得经济提升所付出的代价。在我国经济高速增长的背后,是以"高投入、高消耗、

---

① 数据来源:中国网络空间研究院编著的《中国互联网发展报告2018》。
② 数据来源:国家发改委、中国工程院等共同发布的《2018中国战略性新兴产业发展报告》。

高排放、低效率"的粗放模式为代价。伴随经济总量的不断提高，我国付出的生态环境成本较高，环境污染日益严重、能源利用效率长期低下，虽然政府一直强调经济转型的重要性与迫切性，但是经济增长过程中速度与质量长期不统一，"重量轻质"的发展现实仍长期存在。当前，从世界经济发展规律来看，我国两位数高增长的时代已经结束，中国经济增速从接近两位数降到较为合适的增长率已经是必然；从我国生态环境现状来看，传统粗放的大规模生产要素和资源投入的经济发展方式已经走到尽头，中国经济走向集约之路也是必然；从经济结构来看，我国很多传统产业长期被国际分工体系锁定在全球产业链低端位置，很多产品在国际市场上附加值低、利润微薄，制造业升级和产业链升级已经迫不及待；从经济增长动力来看，要素驱动对我国经济发展的贡献程度逐步下降，简单的要素、资本和劳动力追加已经无法支撑我国经济更高水平的发展，中国经济必须依靠创新驱动提供新动力。同时，经济全球化加速发展，新一轮科技革命与产业革命正如火如荼地进行，宏观上全球各国纷纷在新产业新领域布局角力，微观上人们对产品及服务有了更高的要求。面对十分复杂的国内国际的环境，我国迫切需要进行质量变革、效率变革、动力变革，必须加快构建现代化经济体系，提高全要素生产率，增强经济创新力和竞争力，因此，经济迈向高质量发展是中国经济必经之路。

2. 在稳中有变中实现稳中求进

未来一段时期内，我国经济运行的整体态势是稳中有变，在不断变革中取得更大进步。当前经济发展中的"变"主要来自国际国内环境：一是世界经济不确定性因素增强。由于美国对欧盟、中国、日本、加拿大、墨西哥等主要经济体在同一时间段发动的贸易制裁，虽然暂时不会对全球经济增长产生严重破坏，但美国掀起的全球性贸易争端已经给全球经济发展、商业投资蒙上阴影，美国推高关税触发全球贸易壁垒，引发国际大宗商品价格上涨，导致企业投资信心不断下滑，阻碍新技术的传播与扩散，在一定程度上抑制全球技术创新，最终会导致全球生产率与福利的下降。根据国际货币基金组织2018年7月发布的报告显示，美国掀起的全球性贸易争端可能对全球经济增长产生负面影响,造成2020年全球经济增长率下降0.5个百分点、产生经济损失大概在4300亿美元左右。二是中美贸易摩擦持续酝酿。今年以来,美国对华贸易摩擦不断施压,扩围升级态势较为明显,本轮中美贸易争端持续时间长、涉及产业广、征税力度大、战略意图明显,已经不仅是中国与美国两个国家之间的贸易纠纷,已经成为影响世界贸易格局的一件大事。贸易摩擦直接对我国外贸领域产生冲击,并影响我国相关产业如信息技术产业、机械制造业、集成电路产业等行业的发展,给我国部分传统产业的转型升级带来不利影响,同时,也加剧我国资本市场的波动。三是投资下滑。今年以来,我国地方政府隐性债务防范和化解力度加大,地方政府举债融资行为受到严格控制和规范,政府购买服务管理力度增强,不规范PPP项目深度清理工作逐步推进,以及强化监管防范化解系统性金融风险等一系列防范风险措施的推行,加之,我国经济新旧发展动能处于转换阶段,导致我国基建投资持续低迷、固定资产投资增速乏力。同时,我国当前外需短期内难以回升、消费降级问题日益凸显、民间投资信心不足,这些都对经济平稳运行形成压力。面对这些不确定的变化因素,我们坚持稳中求进,"稳"字当头,并非原地踏步,更不是走重复旧有发展模式的老路。稳中求进,"稳"是要保持经济社会大局稳定,"进"是要坚持新发展理念继续深入推进供给侧结构性改革、坚决打赢"三大攻坚战"、扎实推进现代化经济体系建设,不断激发我国经济发展潜力,推动中国经济稳步走向高质量发展道路。

3. 经济更加开放

党的十九大提出的要"推动形成全面开放新格局",充分体现了我国对扩大开放的强调和重视。习近平总书记在2018年首届中国国际进口博览会开幕式上发表主旨演讲时指出,"中国将坚定不移奉行互利共赢的开放战略,实行高水平的贸易和投资自由化便利化政策,推动形成陆海内外联动、东西双向互济的开放格局。"对外开放是中国经济发展过程中不可或缺的一部分,在对外开放过程中,中国不断融入世界经济体系和全球化的分工体系,经济社会发展取得巨大成就,综合国力和国际地位显著提升。因此,关于对外开放，从某种角度上来讲，已经成为当代中国的鲜明标识。从过程来看，我国融入全球经济体系是渐进的、务实的、高效的，从开放思想和理论的传播、新产品的引进、对外贸易的扩大和利用外资的拓展，然后到加入世界贸易组织、全方位对外开放，成为世界经济发展的最重要引擎之一。改革开放40年的实践证明，"中国发展离不开世界，世界发展也需要中国"。对外开放使中国及时利用了人类社会发展经济成功经验和科技成果，享受到全球分工的巨大利益，也为世界经济做出了中国贡献，成为拉动世界经济发展重要的"火车头"。目前，我国改革已经进入深水区，更需要通过进一步扩大加深开放来倒逼国内的改革，从而达到促进经济发展的效果，因此，中国经济将更加主动地扩大开放。

1.2 中国大数据发展的现状与趋势

2018年，我国大数据产业保持高速发展态势，各级政府和企业大力推进，技术创新取得明显突破，大数据应用推进势头良好，产业体系初具雏形，支撑能力日益增强。

1.2.1 大数据产业规模加速增长

近年来，我国大数据产业从无到有，全国各地发展大数据积极性较高，行业应用得到快速推广，市场规模增速明显。2017年我国包括大数据核心软硬件产品和大数据服务在内的市场规模将超过2600亿元，与2016年相比，增长了49%。2017年1月，工信部发布了《大数据产业发展规划（2016~2020）年》，进一步明确了促进我国大数据产业发展的主要任务、重大工程和保障措施。国家政策的接连出台为推动大数据产业快速成长提供了良好的发展环境，未来2~3年市场规模的增长率将保持在50%左右。预计2020年，我国大数据市场规模将超过 8000 亿元，预计未来中国将成为全球数据中心①。

1.2.2 大数据投融资持续升温

互联网渗透人们生产生活的各个方面，提高了工作效率，也极大地便捷了人们的生活。大数据分析离不开互联网计算机，互联网的发展使得数据分析更为精准。大数据的发展和互联网也是息息相关，大数据的数据来源大部分都来自于互联网的精准分析。作为互联网发展的产物，大数据也受惠于互联网行业，获得了良好的投融资机遇。互联网对于大数据发展也是一个很大的优势，两者结合互惠又相辅相成，为大数据创造了良好创业氛围。持续升温的大数据创业潮，激发着国内大数据公司的"生产热情"，大数据持续被国内资本市场看好。自 2011 年以来，大数据领域成功融资的企业数量逐年增加，2014 年进入快速上升阶段，环比增长 176.47%，2016 年获得融资的企业数量达到 221 多家。据统计，截至 2017 年 8 月初，大数据领域有 183 家企业获得融资，大数据领域持续获得资本市场的高度青睐。

1.2.3 大数据应用领域不断丰富

我国人口数量庞大，每人每天点击浏览生成的数据信息就有很多，全国每天产生的数据也是不计其数。海量数据资源为大数据发展提供了强有力的条件，大数据要从这些生成的信息中不断寻找有价值可以利用的信息，为企业创造新的利益，在不断的实践和互利互惠中，大数据得以更好的发展。从国内投融资领域的分布来看，2017 年 1~8 月的 183 家融资企业中，大数据行业应用方面共发生了 81 起投融资事件，其中，金融行业投融资事件最多为 35 起，医疗健康其次为 12 起投资事件。

1.2.4 促进大数据发展政策不断加码

大数据产业的发展离不开国家政策的支持，国家对大数据的战略政策

---

① 数据来源：中国大数据产业生态联盟也发布了《2018 中国大数据产业发展白皮书》

制定和实施，也成为大数据市场不断发展的有力条件。目前全国有二十多个地区出台了大数据相关的政策，而且很多地区都设立了专门的大数据管理机构，比如上海的"大数据局"和"云上贵州"，长江三角洲和京津冀还有中西部地区，都在国家的政策下发展得良好。政策的支持在不断更新着我们对大数据的认识，推动着大数据技术发展与深入应用。

1.3 大数据是经济高质量发展的动力选择

在互联网高速发展的今天，具有巨大潜在价值的大数据成为新的资源，正极大地影响并改变着经济发展、社会治理以及人们的生产生活。大数据不仅是世界各国抢占的战略要地，更是衡量国家软实力的重要标志，提升国际竞争力的关键技术。大力发展大数据，促进数据价值释放，可以提高经济运行效率和集约化程度，提升政府服务效率。应加快构建以大数据为关键要素的数字经济，促进实体经济和数字经济融合发展，推动我国经济从高速增长转向高质量增长。

伴随着电子商务、移动支付、共享经济等新业态、新模式蓬勃发展，产生了大量的数据资源。这种资源既能直接创造巨大的社会财富，也可以间接地带动或者服务于其他产业，成倍放大其价值作用。目前，我国大数据正处于快速推进期，相对于发达国家，无论是技术水平还是相关制度都存在一定差距。特别是与传统产业的融合度较低、驱动创新不够、政务数据开放程度比较低等问题比较突出，减缓了大数据的应用和发展。当前，应从创新驱动、融合发展、精准施策入手，大力发展大数据，为经济转型升级提供新动力，助力我国经济高质量发展。

1.3.1 大数据的创新驱动作用

创新是我国经济高质量发展的第一动力。要将我国打造成全球优质企业的聚集地，培育全球高端企业的福地，需要强有力的创新体系支撑，大数据作为技术创新、模式创新、理论创新、制度创新的重要工具，辅助技术创新，掌握创新进度，记录和模拟创新过程，分析创新结果，具有不可替代的作用。大数据的创新驱动作用主要体现在以下几个方面：一是大数据的新型生产要素作用。大数据日益成为一种的重要的新型生产要素，通过大数据资源运用，可以挖掘发现破解矛盾、解决问题的新路径新方法，实现我国很多领域的异军突起，推动经济转型发展，提升社会治理水平。二是大数据的技术创新性。大数据是典型的通用型和创新型技术，大数据技术能够广泛而深入地应用于企业生产、政府管理和社会治理、民生改善等各个领域，全方位融入到我国经济社会的发展，产生大量的数据，并改善和颠覆了一些传统的生产手段、管理手段、以及应用手段，提高了社会整体运行效率。三是大数据的模式创新性。大数据推动更多领域发生变革，通过数据挖掘形成更为有的生产模式、服务模式，推动诸多领域的模式变革。四是大数据的融合创新。大数据技术不断应用在前沿技术领域，与新材料、新能源、机器人、生物制药、第五代移动通信等行业的深度融合，既是新技术发展的催化剂，也是新技术进步的重要组成部分。

1.3.2 大数据的融合推进作用

目前，我国正处在新旧动能转换的关键时期，大数据是推动新旧发展动能转换的重要手段，大数据通过与传统产业深度融合，贯穿于传统行业的生产、流通、销售、服务等各个环节，为实现高质量发展注入新动能。在生产过程中，大数据能够提高生产效率和产品质量，把人从繁杂的劳动中解放出来，以最少的劳动、资本、土地、资源等要素投入，获得最大的产出；在流通领域，大数据具有"跟踪器"的作用，可以让消费者和商家随时随地知晓产品的位置等信息；在人才建设方面，大数据具有"助推器"的作用，可以帮助企业选人、用人、培训等，培养大批研发人员和熟练的技术工人，推动中国制造走向中国创造、中国智造；在消费市场，大数据具有"监听器"的作用，可以对市场加强监测，保护消费者权益，让消费者买得放心、安心、省心。同时，还要充分发挥市场配置资源的决定性作用，打破资源由低效部门向高效部门配置的障碍，提高资源配置效率，促进区域内生产要素有序自由流动，促进区域协调。要坚持数据开放、市场主导，以数据为纽带，促进产学研深度融合，形成数据驱动型创新体系和发展模式，培育造就一批领军企业，不断完善区域分工，优化空间布局，增强优势互补，全面提高资源配置效率，释放经济发展潜力，形成更加高效、均等的新格局，助力经济高质量发展。

1.3.3 大数据的精准导航作用

大数据是精准制定政策和实时监测政策实施效果的重要手段。大数据可以促使政府决策者树立大数据思维，借助大数据手段，提高现代化治理能力。大数据能让管理者清楚地知道哪些产业产能落后需要淘汰、哪些产业需要扶持、怎样充分利用好宏观调控，以便科学地做出决策，使政府决策由过去的经验型向数据分析型转变，借助大数据打造整体政府、开放政府、协同政府、智慧政府，提高政府治理能力。此外，大数据还有利于建立健全更高质量发展的政策体系，通过大数据构建评价体系，对高质量发展政策进行评价，及时调整政策，对高质量发展出现的问题对症下药。同时，政府必须进一步提高政务数据开放程度，加强大数据在政府治理中的运用，加大大数据项目的投入，为高质量发展提供决策支持。

第2章 大数据驱动中国经济高质量发展的理论蕴含

2.1 大数据驱动的含义

2.1.1 大数据的概念、特征与内涵

1. 大数据的概念

"大数据"一词最早出现在阿尔文·托夫勒（Alvin Toffler）1980年所著的《第三次浪潮》一书中，托夫勒将大数据推崇为"第三次浪潮的华彩乐章"，并提出超前的观念"数据就是财富"[①]。2008年《自然》杂志开辟了"大数据"专刊，专门介绍大数据所带来的机遇与挑战，更是广泛引起各国关注。近十年来，大数据浪潮以难以想象的速度席卷全球，大数据技术也在不断渗透到经济社会的各个层面。虽然，大数据已经成为全球各国科技、经济、社会等不同领域研究和应用的焦点，但到目前为止，大数据仍然没有一个共识性的概念，不同研究人员和研究机构从计算科学、数据

---

① 阿尔文·托夫勒. 第三次浪潮 [M]. 北京：生活·读书·新知 三联书店有限公司，1983.

科学、信息科学、资源科学等诸多不同领域的研究者,均从各自的领域出发对大数据做出了诸多定义。本书根据国务院 2015 年颁布的《促进大数据发展行动纲要》对大数据的论述,对大数据概念进行了界定,认为大数据是"具有规模巨大、种类多样、形成快速、真实度高的数据集合",可以通过使用新的信息技术手段从中发现新知识、创造新价值、提升能力的一种新兴的信息服务业态。

2. 大数据的特征

根据对现有研究资料的总结分析,大数据有五大基本特征,分别是:数据规模大(Volume)、种类多(Variety)、速度快(Velocity)、真实度高(Veracity)以及价值大(Value)(图 2-1)。

(1)数据规模大(Volume):伴随互联网的不断发展,社交平台、金融机构、新闻媒体、电商平台等每时每刻都在产生大量的数据。以银行业为例,我国大型商业银行和保险公司的数据量已经超过 100TB,同时,伴随信息技术在不同领域的深度渗透与融合,每日新增数据量还在不断扩大。

(2)种类多(Variety):伴随信息技术在全社会各领域日益深入的应用,加上几乎所有行业都对数据重要性的认知程度与日俱增,因而,宏微观方面的数据的种类越来越多,一方面是越来越多的行业产生各种不同的宏观方面数据,如金融、环境、气象、水利、产品设计等;另一方面是很多过去难以量化的如图像、音频、视频、生物识别、地理标记、笔迹等非结构化数据,不断丰富微观数据种类。

(3)速度快(Velocity):由于硬件计算条件的升级与算法的不断优化,数据的生成、采集、传输、存储、分析速度均大大提升,同时数据的完整性和一致性也得到有效提升。

(4)真实度高(Veracity):伴随大数据技术的不断进步,数据颗粒度不断强化,人们可以获得越来越细化的原始数据,这就保证了数据的原生性、真实性和即时性。加之,数据相关要求和标准的不断提高,对数据录入审核更严格和数据维护更严密,数据的真实度日渐提高。

(5)价值大(Value):数据已经渗透到当今社会发展的所有行业和业务

第 2 章 大数据驱动中国经济高质量发展的理论蕴含

职能领域，日益成为一个国家的战略性资源，大数据所蕴含的价值也在不断增加。麦肯锡早在 2011 年就提出："对于海量数据的挖掘和运用，预示着新一波生产率增长和消费者盈余浪潮的到来。"① 伴随大数据分析技术的进步，数据无论在宏观层面还是微观层面都将发挥巨大的分析价值和应用价值。

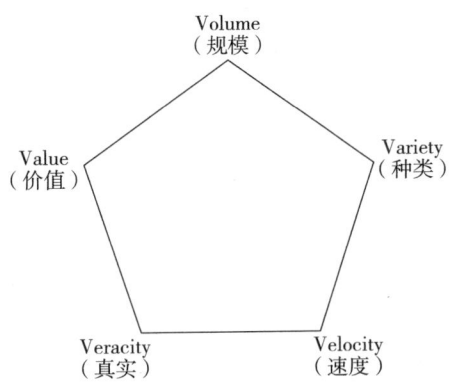

图 2-1 大数据基本特征（5V）

3. 大数据的内涵

关于大数据的内涵，从不同角度出发可以得到多种阐释。本书主要基于国家发展角度来理解大数据的内涵。

首先，大数据是一种全新的国家战略性资源，是重要的国家实力要素。作为新一代技术革命重要的技术成果之一，大数据技术代是当今世界科技发展的前沿领域之一。"谁掌握了大数据技术，谁就掌握了发展的资源和主动权"。大数据技术能力在相当大程度上反映国家在全球新一轮科技革命中的地位和潜力，大数据实力也已成为国家发展能力的组成部分，且大数据的重要地位会日益突出。

其次，大数据具有集聚性，即只有相关数据聚集在一起才能更好的发挥作用。大数据应用几乎涉及所有的领域，不同领域会产生各种不同的数据。然而，单一数据来源都有一定的局限性和片面性，只有大量集聚原始

---

① 麦肯锡全球研究所报告——《大数据：下一个创新、竞争和生产力的前沿》，2011 年。

数据资源才能反映事物的全貌，才能在海量数据中挖掘到珍贵的价值。"横看成岭侧成峰"，由于采集角度的不同，不同的数据可能描述同一个现象或者动态。大数据能不能有助于现实问题的解决，关键在于对多种数据源的集成和融合。因此，从国家意义上来说，在解决发展中面临的问题时，大量搜集汇聚不同来源的数据以便获得足够的互补信息，进而发现隐藏在各种交互相印数据背后的事物的本质和规律，以便对问题有更深刻的认识，也便于找出问题的关键。

最后，大数据可以显著提升我国科学决策能力和水平。大数据的重要作用之一就是可以显著地提高预测准确性，以便增强决策能力，目前大数据预测分析多被应用在商业营销领域。伴随大数据应用层次的不断提升，从微观上升到宏观层面，可以使国家决策建立在完整信息之上，让大数据更好地服务我国经济社会发展。

2.1.2 大数据驱动的概念与内涵

1. 大数据驱动的概念

大数据的价值主要体现为它的驱动效应[①]。所谓大数据驱动的概念就是指大数据作为一种驱动力量，有效提高各行各业的数据分析能力、科技创新能力、业务增值能力、有力推动传统产业转型升级。从本书的观点来看，大数据驱动是一种推动我国经济迈向高质量发展的动力。

2. 大数据驱动的内涵

首先，大数据驱动必须理解成为一种通用性变革力量。交流电刚出现的时候，作用只是照明，最具想象力的人也无法预想到其在后来各种各样的应用。大数据技术也一样，未来大数据也会有各种各样的应用。大数据对经济发展的贡献并不仅指大数据企业收益或者大数据产业的产值，而更应将大数据对其他行业效率和质量的提升包括进去。类似于，在考虑蜜蜂贡献时，不是仅仅考虑蜜蜂酿造的蜂蜜，而是蜜蜂授粉对于整个农业的巨

---

① 李国杰. 对大数据的再认识 [J]. 大数据, 2015 (1): 1-9.

大贡献。因此，对于大数据驱动的理解，首先要将大数据定义为一种类似于电的宽泛性、基础性和通用性驱动技术。

其次，大数据驱动是其他生产要素的"倍增器"。由于大数据要素的加入，可以增强其他要素的效应，进而推动国家实力整体性提升。一方面，伴随大数据技术深度应用，国家可以通过挖掘海量数据资源，获得巨大价值。借助于云计算技术，可以把拥有全部样本的海量原始数据，整合成具有内在逻辑关系的混杂性数据，可以挖掘更深层次的数据价值和一些潜在未被发现的规律，如经典的啤酒与尿布之间的关系。另一方面，伴随大数据技术与各行各业的深度融合，以大数据技术为基础支撑的新一代信息技术与实体经济深度融合已经成为我国产业发展的主流趋势。同时，大数据需求的日益提升，推动形成巨大的大数据服务性产业，也为我国经济社会的发展增添新的动力。

最后，大数据驱动是其他生产要素的"质变器"。在生产要素总量不变的前提下，由于大数据的进入，引起其他生产要素发生质变。大数据驱动其他生产要素发生质变主要体现在三方面：一是对生产者的提升，大数据驱动下，人的分析能力得到进一步增强，分工协作能力也进一步加强，进而推动劳动技能的整体性提高；二是对生产工具的提升，大数据驱动生产工具更加智能化、自动化和数字化，使得传统生产设备有了质的提升；三是对生产过程的优化，提高生产制造过程的智能化程度，加速推动供应链转型，推进生产流程的优化与重组。

2.2 经济高质量发展的含义与内涵

2.2.1 经济高质量发展的概念

关于经济高质量发展的概念，不同学者从不同角度出发有多种不同解释，迄今为止并没有完全达成一致。由于人类社会一直处在不断变化的动态发展之中，这一范畴因而成为一个动态的概念。学术界对经济增长质量概念的理解可大致划分为两种观点：一种是从狭义角度来定义经济增长质量，将经济增长质量单纯理解为经济增长效率；另一种是从广义角度来界定经济增长质量，把经济增长质量当作是经济增长数量的重要补充，属于规范性范畴，具有非常丰富的内涵。

狭义的经济高质量发展是指资源要素的投入比例、经济增长的效果及经济增长效率。主要存在两类观点：一类是从经济的各种投入产出效率来衡量，包括劳动生产率、资本生产率和全要素生产率。如卡马耶夫（1983）认为经济增长不仅仅是数量问题，更重要的是质量问题，并在政治经济学的范畴内将经济增长质量定义为在发达社会主义条件下，在社会总产品的扩大再生产过程中，所利用的资源规模及其使用效率的变化。武义青（1995）指出，"一个国家或地区经济的增长，既包括数量（速度、规模）的扩大也应包含经济系统素质的改善，后者称为经济增长的质量，并以投入要素的产出效率（生产率）来衡量。质量较高的经济增长，表现在以同样的投入量（消耗或占用）获得较多的产出量，或以较少的投入量（消耗或占用）取得同样的产出量"。王积业（2000）认为经济增长是由生产要素积累与资源利用的改进或要素生产效率增加协同作用的结果。所谓生产要素积累，对应着经济增长的数量扩张；所谓资源利用的改进与要素生产效率增加，对应着经济增长的质量提高。因此，经济增长质量的提高意味着要素利用效率的改进。若经济增长主要倚重要素投入增加，则称之为粗放型增长；若经济增长主要倚重要素利用效率的改进，则称之为集约型增长。刘亚建（2002）认为经济增长速度体现的是经济增长的数量变动，而经济增长质量则可理解为效率的同义语，反映的是经济增长的效率改进。等量投入下产出越高，意味着经济增长质量越高。他认为，低质量的经济高速增长不如高质量的经济中速增长。洪银兴（2010）从投入产出角度来定义经济增长质量。从产出角度看，增长质量的高低表现为单位经济增长率所含有的剩余产品数量；从投入角度看，增长质量的高低表现为单位经济增长率中投入资金、物资的多少，提高生产要素的组合质量，提高生产要素的效率质量，提高生产要素再配置的质量。另一类观点是将狭义经济增长质量单一理解为全要素生产率。如丹尼森（1985）将经济增长因素分为三类：劳动投入量、资本投入量和全要素生产率，并将全要素生产率视为经济增长质量的度量指标，具体包括：知识进步、资源配置改善与规模经济。钞小静和任保平（2008）认为经济增长质量牵涉到经济增长的后果与前景，质量型经济增长是指主要依赖于技术进步、资源配置效率以及要素利用效率提高等实现的一种经济增长模式。经济增长质量水平的提高不是依靠要素投入的数量增加，而主要依靠技术进步，即通过提高全要素生产率来实现。高新才和李俊衡（2011），郭峰等（2013），楚尔鸣和马永军（2014）都将全要素生产率视为经济增长质量的同义语。

由以上可以看出，狭义层面上经济高质量发展的概念核心内涵在于要素资源的利用效率，主要是指全要素生产率，体现的是经济增长方式的改变，即从粗放型向集约型的转变。

从广义上看，经济高质量发展是一个更宽泛的概念，需要从多个维度进行综合考量。不同的学者基于对其内涵理解的不同，对经济增长质量的概念有不同的阐释，并没有达成一个共识性的定义。主要可分为两种视角：一种是从经济、社会与环境的品质优劣来界定。如郭克莎（1996）认为经济增长质量主要体现在全要素生产率的增长率及贡献率的高低、产品与服务质量、通货膨胀率、环境污染程度。Dasgupta（2000）认为测度经济增长结果最常用的两个指标 GNP 以及联合国开发计划署的人类发展指数 HGI 很难测度经济增长的质量，提出应以人均财富来评价经济增长质量。其中人均财富不仅包括普通的物质资本，还包括人力资本以及自然资本。Barro（2002）认为经济增长质量是一个很宽泛的概念，是与经济增长紧密相关的社会、政治及宗教等方面的因素，具体包含受教育水平、预期寿命、健康状况、法律与社会秩序发展程度以及收入分配不均等。彭德芬（2002）认为经济增长质量是指一个国家伴随着经济数量扩张，在经济、社会与环境诸多品质中体现出来的优劣程度。相应的，经济增长质量包括经济运行质量、居民生活质量、生存环境质量。戴武堂（2003）把经济效益、劳动生产率、就业率、居民消费水平与质量、收入差距合理化程度等因素作为经济增长质量的主要影响因素。王玉梅和胡宝光（2004）指出对经济增长质量内涵的阐释应从经济增长的持续稳定性、经济增长效率、经济结构优化、产品质量、资源环境状况、人民生活水平六个方面展开。Prohnitchi等（2006）指出，定义经济增长质量比定义经济增长数量要复杂的多，对于经济社会现象的质量方面往往很难用数量的方式表达，他将经济增长质量分解为五个层面：人类发展、社会凝聚力、环境可持续性、经济可持续性和经济结构合理性。刘海英和张纯洪（2006）认为中国经济质量内涵需要凸显经济系统的投入产出效率、经济增长成本、资源消耗和环境保护等诸多方面。马建新（2007）认为经济增长质量是一个经济体在其经济效益、经济潜力、增长方式、社会效益及环境等诸多品质层面体现出的，与数量扩张方面的一致性、协调性，经济增长质量内涵应充分体现经济系统发展水平、效益、增长潜能、稳定性、环境质量成本、竞争能力及人民生活等各个方面。李俊霖（2007）认为经济增长质量是增长过程中表现出的国民经济的优劣品质，具体内涵包括经济增长的有效性、稳定性、协调性、分享性、创新性与持续性。Lopez（2008）将经济增长质量内涵的界定为：减少极端贫困、缩小结构性不平等、环境保护和可持续增长。李变花（2008）认为经济增长质量是从社会再生产的角度对一定时期内国民经济总体状况及其发展特性所作的综合评价，并综合反映经济增长的优劣程度。其内涵包括要素生产率的提高、依靠技术进步与人力资本、经济结构不断优化等。任保平（2012）指出经济增长质量不仅取决于最优增长路径的选择，还取决于经济增长最佳社会效益的实现以及经济增长系统耦合机制的建立。并认为增长质量是经济数量增长达到一定阶段背景下的产物，经济增长的效率提高、结构优化、稳定性提升、福利分配改善、创新能力增强，从而使经济增长能够长期持续，数量型增长反映出的是增长速度，质量型增长反映出的是增长的优劣品质。Manish（2013）为研究印度的市场化改革对经济增长质量的影响，以三种代表性产品（电话、电视和手表）市场的质量状况作为衡量经济增长质量的标准。廖绮和赵真真（2015）提出经济增长质量内涵包括经济发展状况、经济发展潜力、人民生活水平和环境保护质量四个方面。

另一种是从经济增长的方式、过程与结果来界定。如肖红叶和李腊生（1998）认为经济增长质量不仅应包含经济方面的内容，还需凸显社会和谐与环境改善等诸多因素，高质量的经济增长应该具备四个基本特征，增长方式属于集约型增长，增长过程表现出稳定性、协调性和持续性，增长结果带来经济与社会效益的显著提高，经济增长潜能得以不断增强。钟学义等（2001）构建了经济增长质量的衡量指标体系，并将指标分为三类：第一类，反映增长效率的指标（具体包括投入产出比、劳动生产率、资本产出率、TFP增长率、物耗指标及能耗指标等）；第二类，反映增长是否健康稳定的指标（具体包括经济波动状况、通货膨胀程度、就业状况和环境污染指标等）；第三类，反映经济结构变动的指标（具体包括产业结构、贸易结构、就业结构与地区经济结构）。Xia等（2011）提出的质量型增长概念被APEC所采纳，包括五大支柱：平衡性增长；包容性增长；可持续性增长；创新性增长和稳定性增长。随洪光（2013）将高质量的经济增长视为在高效率模式下稳定、持续的增长，随之经济增长质量可理解为增长的效率、稳定性与可持续性。张继海和李发毅（2014）通过挖掘质量内涵，将经济增长质量分解为四个维度，即是增长过程中的可靠性和稳定性；经济结构的优化与升级，即经济增长的可持续性；经济增长效率的评价；经济增长结果的评价。Aglietta（2015）指出质量型增长的两大方向为包容性和可持续性，将包容性定义为社会福利的改善和收入差距的缩小，尤其是社会弱势群体对公共卫生、基本教育、环境商品等初级产品的可获得性增强；将可持续性定义为实际财富中的净投资占比不断上升，并给出测度包容性财富和可持续发展条件的计算公式。

由于研究者对经济增长质量的理解各不相同，造成对经济增长质量内涵的界定无法予以确定。对现有文献中广义经济增长质量的概念提取其共性，归纳起来主要包括以下两点：第一，经济增长质量属于规范性概念范畴，包含经济增长的方式、过程与结果，其内涵牵涉到经济、社会和环境三个方面。第二，从经济增长的方式来看，经济增长质量是指经济增长的投入产出效率；从经济增长的过程来看，经济增长质量是指经济结构的优化及经济系统运行的稳定性；从经济增长的结果来看，经济增长质量是指社会福利分配的变化情况及资源环境的代价。除此之外，科技进步、社会凝聚力、竞争能力等也被当作经济增长质量的内容。

2.2.2 经济高质量发展内涵

深入理解高质量发展的内涵，可以从以下几个辩证统一的视角来入手：

一是宏观和微观相结合的维度。高质量发展是一个既包括宏观经济发展质量，也包括微观经济活动中产品质量、工程质量、服务质量的"大质量"的概念。这是因为，宏观经济的高质量，离不开经济主体的高质量、技术的高质量以及产品的高质量等微观高质量的支撑。近年来，我国技术进步成效显著，新技术加速向各领域扩散，为提升产品、工程和服务质量，推动产业发展质量水平整体跃升，实现经济转向高质量发展阶段创造了更加有利的条件。当前和今后一个时期，推动高质量发展必须注重宏观和微观的结合。宏观层面要深入推进供给侧结构性改革，加快实施创新驱动发展战略，完善有利于高质量发展的体制机制，积极建设现代化经济体系，提高全要素生产率。微观层面要完善产品和服务标准，实施品牌创建和精品培育工程，培育支撑高质量发展的科技、金融、人才等要素，发展壮大一批精益求精、追求质量和效益的创新型企业。

二是供给和需求相结合的维度。高质量发展首先要解决供给问题，包括产业供给、产品供给、企业供给和要素供给质量提升等方面。高质量发展要求我国供给体系在产业、产品、企业和要素四个层面进行重构，加快发展高技术产业和战略性新兴产业，不断提高高端产业比重，推动高质量产品和服务快速涌现，培育壮大创新型企业，促进知识、技术、信息、人才、数据等高端要素蓬勃发展。与此同时，高质量发展也是顺应需求升级的必然结果，是高品质、高性价比的产品满足消费者高品位需求的过程。推动高质量发展，必须从供给和需求相结合的角度，推动产品和服务质量不断提高，促进供需匹配吻合。要把握消费升级趋势，适应市场需求变化动态组织产品生产和供应，扩大更具创新性和更为个性化的产品供给，依靠创新促进供需匹配，推动高质量发展。

三是公平和效率相结合的维度。高质量发展是高效率、高附加值和更具可持续性、包容性的结合。从根本上看，实现高质量发展就是要解决公平和效率问题，核心要义是建立在更加公平基础上的高效率。从公平角度看，高质量发展意味着要从不平衡不充分发展转向共享发展、充分发展和协同发展，实现产品服务高质量、投入产出高效率、发展技术高新化、产业结构高端化、发展成果共享化和发展方式绿色化。目前我国经济发展不平衡不充分问题仍很突出，特别是东西部、城乡之间发展差距仍然较大。推动高质量发展，特别是将"三大攻坚战"作为高质量发展的重要内容，就是解决发展不平衡的重要举措。从效率角度看，高质量发展要求以最少的要素投入获得最大的产出，实现资源配置优化。既表现为要素利用配置效率高，如投入产出效率高、单位 GDP 能耗低、产能利用率高、实现绿色低碳发展等，也表现为使微观经济主体得到恰当的激励，促进企业家与职工等各类微观经济主体之间的利益协同。

四是目标和过程相统一的维度。高质量发展还是发展目标与发展过程的统一。从发展目标看，高质量发展有助于满足人民群众日益增长的多样化、多层次、多方面需求，提供更好更均衡的教育、更稳定的工作、更满意的收入、更可靠的社会保障、更高水平的医疗卫生服务、更舒适的居住环境、更优美的生态环境、更丰富的精神文化生活等。从发展过程看，通过创新引领高质量发展是推动我国经济质量变革、效率变革和动力变革的根本途径，是发展动力由要素驱动向创新驱动转变，发展模式由粗放发展向集约发展、绿色发展和可持续发展更替的过程。而经济发展质量、效率和动力"三大变革"的根本目的也是实现高质量发展，这两者在本质上有机统一。要加快建立企业主体、市场导向、产学研深度融合的技术创新体系，不断创造经济发展新动力，激发高质量发展新动能。

五是质量和数量相统一的维度。推动实现高质量发展必须牢固树立

"质量第一、效率优先"理念,将以往主要依靠增加物质资源消耗实现的粗放型高速增长,转变为主要依靠技术进步、改善管理和提高劳动者素质实现的集约型增长,增强发展"质"的含金量。同时,也要看到"质"和"量"是一对不可分割的变量,高质量发展是质和量的结合,量是质的基础,质是量比较的结果,数量和质量两者应该兼顾。

2.3 经济高质量发展的相关理论

2.3.1 古典经济增长理论中的经济增长质量相关理论

经济增长质量问题研究的理论渊源可以追溯到英国古典经济学时期,经济学鼻祖亚当·斯密的标志性著作《国民财富的性质和原因的研究》中的核心问题就是探究国民财富的增加,即经济增长。斯密在这本书中较为系统的论述了经济增长理论。他认为,经济增长取决于三个主要因素,这三个主要因素分别是劳动分工、资本积累与市场规模扩大。除此之外,他还注意到技术进步和对外贸易等因素对经济增长的重要影响。在技术进步层面,即使在要素投入保持不变的前提下,技术进步可以促使资源合理配置,从而提高要素生产效率,提升产出水平;在对外贸易层面,对外贸易既有利于国际分工,又有利于让剩余产品实现价值,从而不仅可以促进商品扩大生产,也可以更好地保护消费者利益。在经济制度方面,斯密注意到提倡重商主义的经济政策与不良政治制度对英国产业发展的阻滞作用,将社会经济制度环境纳入为经济增长的影响因素。综上可知,斯密对经济增长动因的分析涉及经济增长质量的主要影响因素,其观点对现代经济增长理论的形成具有重大影响。

18世纪中叶古典经济学集大成者英国经济学家约翰·穆勒从收入分配的角度论述了国民收入不均对经济增长的消极影响。他指出,"总产量达到一定水平后,立法者和慈善家就无须再那么关心绝对产量的增加与否,此时最为重要的事情是,分享总产量的人数相对来说应该有所增加"。"如果人民大众从经济增长中得不到丝毫好处的话,则这种增长也就没有什么重要意义。"他认为,若经济增长的成果不能被大众分享,就违背了追求"最大多数人的最大幸福"的道德原则,这种增长便毫无意义,同时也违反伦理原则。因此,只有当经济发展成果由全体国民共享时,才是有意义、有质量的增长。

20世纪40年代,增长经济学家哈罗德和多马根据凯恩斯的就业理论和收入决定论,分别提出极为相似的长期经济增长模型,合称为哈罗德-多马模型。哈罗德-多马模型主要研究了产出增长率、储蓄率与资本产出比之间的相互关系,并引入自然增长率的概念,即人口增长与技术进步条件下的国民收入增长率,指出只有当实际增长率等于有保证的增长率,且等于自然增长率的前提下,才能实现充分就业,保证经济的长期均衡增长,提高经济增长质量水平。但这种经济均衡只是一种"刃锋上的均衡",是不稳定的,经济无法自行纠正实际增长率与有保证的增长率之间的偏离,同时还会累积产生更大的偏离。哈罗德-多马模型另一个致命弱点是没有考虑技术进步、资本折旧、制度变迁等现实影响因素,因而既不稳定,也不现实。但单就物质资料的生产与再生产过程来看,其对分析社会主义经济增长过程,如何提高经济增长质量,仍具有重要借鉴作用。

2.3.2 新古典经济增长理论中的经济增长质量相关理论

美国经济学家Solow是新古典经济增长理论的创建者之一。20世纪60~70年代,以Solow为代表的经济学家开创了经济增长要素分析法。Solow突破了古典经济增长理论中长期占据统治地位的"储蓄转化为投资是经济增长的决定性因素"的观点,首次提出"技术进步对经济增长具有重要贡献"的观点(Solow,1956),把技术进步单独列项,将之作为经济增长中最有意义、贡献最大的一个因素独立出来,并把劳动、投资与技术进步综合起来考察。他在1957年发表的论文中构建了相关模型,把技术进步引起的产出增长与人均资本引起的产出增长区分开来。实际上,技术进步引起的人均产出的增加即是经济增长的质量提高部分。从某种程度上来说,技术进步对人均产出贡献程度越大,经济增长质量水平也越高。Solow(1957)利用自己的增长模型,对1909~1949年美国私营非农业企业的技术进步状况进行测算。测算结果表明,这期间人均产出翻了一番,其中仅12.5%归因于资本投入量的增加,87.5%未得到解释的部分被归因于技术进步,这一结论引起人们对技术进步的广泛关注。

新古典经济增长模型中虽然引入了技术进步率,能够使资本积累过程收敛于经济增长,从而促使经济持续增长,避免哈罗德—多马模型的"刃锋上的均衡",但是技术进步仅仅作为经济模型中的一个外生变量,并且该理论未对技术进步的来源做出任何经济解释,既不能解释各国人均收入与经济增长率之间的巨大差异,也无法解释导致技术进步率变动的任何机制。尽管技术进步是外生变量,且致使技术进步的因素无法确定,但是对技术进步整体测算的研究仍构成了经济增长质量理论的研究主线,且对后来的研究给予了很大的启发。

2.4 大数据驱动经济高质量发展的相关理论

2.4.1 STS 理论

19世纪60年代,现代科技飞速发展,社会科学日新月异,社会发展日趋复杂,科学(Science)、技术(Technology)与社会(Society)的相互关系开始引起学术上的聚焦,发展成为一个新兴研究方向,简称为STS。STS以科学、技术与社会之间产生的相互复杂关系为研究对象,思考科学、技术和社会之间的联系与影响,探讨科技对社会的综合影响,特别是科学技术发展对社会的负面影响,关注科技与经济及其环境的相互协调,其中包括科学技术的社会价值,信息科技与知识经济,科技传播与社会文化,科技应用产生的伦理问题;还包括科学规划与科学管理、科技政策与科学组织、技术开发与专利转让,科学共同体与社会评价等。既从社会学角度思考科技,又从科技方向探讨社会,体现了自然科学与人文社会科学的相互渗透与交流,打破科技和社会分离的现状,使科技发展服务社会。科技和其他社会活动,包括经济政治、军事教育和思想文化等,都存在密切的互动关系。

2.4.2 技术决定论与社会建构论

技术决定论由凡伯伦(Thorstein Veblen)于1929年在 *The Emgineers andthe Price System* 里提出,包括强技术决定论和弱技术决定论。强技术决定论把技术看做根本改变社会发展的因素,忽视社会环境对技术的制约因素,其代表是奥格本学派。弱技术决定论则承认技术是社会的产物,但又反过来影响社会,指出技术与社会互相影响共同发展,即社会制约的技术决定论,主要人物有埃吕尔和温纳。技术决定论强调技术的自主性,技术有其自身规律,具有特定结构,反映其特有要求,导致社会相应调整,建构新的文化体系,进而建构新的社会,技术规则扩展到社会的各个层面,技术逻辑决定社会方向和文化发展。技术乐观主义和技术悲观主义方面从相反方向表达技术决定论的思想,前者坚信技术能够破解一切问题,为人类造福,是进步的有力保障;后者怀疑技术的潜在后果在本质上与人性相悖,现代技术的滥用很可能毁灭人类社会及其文化。

而社会建构论关注技术的社会属性,认为是社会最终赋予技术价值;技术决定论者片面强调技术的自然属性决定其社会属性忽视社会环境对于技术的制约作用。技术中立论简单分裂技术的自然属性与社会属性之间的相互影响与联系,技术决定论与社会建构论又从相反方向过分夸大了技术的两种属性,忽视了两者相互作用、相互制约的密切的平衡关系。

2.4.3 巴斯德象限理论

大数据推动经济高质量发展应该以巴斯德象限理论为支撑，以经济发展实际需求为导向，充分发挥大数据技术的优势。"巴斯德象限"以19世纪著名科学家路易斯·巴斯德（Louis Pasteur）的名字命名，路易斯·巴斯德主要关注食品安全等实际问题，然而，在他努力试图从牛奶中去除有害细菌时，他也同时洞见了现代生物学最重要的发现之一：细菌会导致特定的疾病。"巴斯德象限"寻求对科学问题的基本理解，同时也对社会有直接的应用价值。路易斯·巴斯德这种由科学驱动的调查并能够解决现实问题的研究被认为是这类方法的例证，它弥补了"基础"和"应用"研究之间的差距。

2.4.4 赋能理论

"赋能"最早是积极心理学中的一个名词，旨在通过言行、态度、环境的改变给予他人正能量。后来被广泛应用于商业和管理学，其理论内涵是企业由上而下地释放权力，尤其是员工们自主工作的权力，从而通过去中心化的方式驱动企业组织扁平化，最大限度发挥个人才智和潜能。"赋能"目前在互联网领域是一个高频词汇，阿里巴巴执行副总裁曾鸣教授在《重新定义公司》撰写的序中提到："未来组织最重要的职能是赋能，而不再是管理或激励。"当前，互联网以全新方式颠覆传统行业的同时，更颠覆了传统的组织治理方式。未来的组织必须有超越传统的运作方式，对外必须能够对复杂多变的外部环境做出更快速的反应，对内又必须能够持续激发精英员工的内在动力并在工作中持续为他们赋能。大数据赋能，是指大数据广泛应用于各行各业，不仅从技术上改变传统的生产方式，也从管理组织上给传统行业带来巨大改造。

第3章 大数据驱动经济高质量发展的作用机制研究

3.1 大数据对经济增长质量的影响

大数据以其数量巨大的优势而更接近事物的真相,解析大数据有利于发现客观规律。在经济发展中应用大数据,既可以改善资源配置,又可以提高资源利用效率,从而有助于转变增长方式以及提高经济发展的质量和效益。

3.1.1 大数据提高资源配置优化效率

毕达哥拉斯曾经提出"数是万物的本源"的思想,认为世界万物归根结底都是由某种数量关系决定的。大数据是对网络数据痕迹进行捕捉、分析、挖掘的一种技术或服务。大数据具有高效的搜集和运算能力,以及数据收集和统计自动化特性。海量数据纵横交错、相互关联、相互印证,使得经济发展过程中的内外诱因和隐含引申的因素得以真实记录,通过智能化挖掘可以展现经济发展在时间和空间上的特性,反映出海量数据背后的特点和规律,进而在问题和对策间建立逻辑关系。大数据是一种思维和方法,这种思维和方法基于信息的量化和互联。在经济发展中运用大数据,可以优化资源配置,更好把握经济发展规律,改善与加强宏观调控,提高经济发展的质量和效益。

$Y=AF(K,L)$的增长核算框架已经在发生变化,数据本身成为了生产要素,即$Y=AF(D,K,L)$。原有生产函数中,A、K、L一般而言都有明确的产权属性,没有考虑到外部性和溢出效应,没有体现现代共享经济的特点。新经济中,数据D直接进入生产函数,这一生产要素是指企业所掌握的服务于生产行为的有关市场需求与供给方面的信息,这一要素很可能没有明确的产权属性,至少不是完全属于企业所有,这很好地体现了新经济中的共享思想。传统经济主要依托劳动等属地属性较强的生产要素,结合资本形成生产中心,通过产品的流动实现要素流动,改善资源配置效率,促进经济增长;而新经济时代,一般劳动的可替代性不断上升,从原有物质资本和技术中抽象出另外一个生产要素——数据——在生产中扮演越来越重要的角色,数据本身就是生产要素,生产过程轻资产化成为趋势。

3.1.2 大数据降低交易成本

传统经济中,由于信息不对称的存在,企业之间、企业和个人之间存在很高的交易成本,正是由于这个交易成本的存在,决定了企业的边界,也决定了产品差异定价的程度。新经济时代,信息收集、储存、传播的成本大幅度下降,且规模经济作用明显,这使得企业之间的交易成本大幅度下降。这种现象对交易的发生产生了分配效应和福利效应两个方面的影响。第一个方面,大数据降低了现有交易的成本及交易匹配的成本,促进了现有交易的发生,此为分配效应,体现交易主体之间的收益再分配。第二个方面,大数据降低了交易发生的信息门槛,降低了搜寻成本,匹配了大量的新交易,此为福利效应,创造了大量原本没有发生的交易,改进了资源配置效率。

大数据主要用于解决复杂问题。无论多么复杂的经济问题都有规律可循。运用大数据在查找疑点、综合分析等方面的优势,通过数字化、公式

| 第 3 章 大数据驱动经济高质量发展的作用机制研究 |

化、模型化,可以迅速把握宏观经济发展态势,这是因为大数据的简单算法比小数据的复杂算法更有效。在宏观调控中应用大数据,将实现由片面向完整转变,由传统向现代转变,由数据整理向数据挖掘转变,由精准向高效转变,由单一结果向综合结果转变。在传统经济和新经济中,信息不对称问题都普遍存在,但其表现形式却发生了很大的变化。相对而言,新经济时代,信息总量大幅度上升,但企业或平台与个人之间的信息不对称程度也在上升,企业能通过更多渠道收集个人相关信息,采用更有针对性的销售策略,降本增效,而个人却无法获得企业或平台对等的信息,其市场力量相对在不断下降。

3.1.3 大数据提高资源使用效率

运用大数据提高资源使用效率。大数据是与物质、能源一样重要的资源和要素,它可以改变资本和土地等传统要素在经济发展中的权重。大数据的本质是面向海量数据的开发应用,发现隐藏的知识和规律,为优化资源配置提供科学支撑。大数据有助于经济低成本、高效率、快速度、效益递增式的发展。根据美国麦肯锡公司的有关报告,运用大数据技术能使零售商提高利润率 60% 以上,使医疗保健行业降低成本 8%。通过获取、收集、分析大数据,能够便捷地了解人们消费需求变化以及市场发展趋势,从而能提高生产效率和销售效率。大数据可形成基于规模化自动化的个性化,这使商品或服务大规模量身定制成为可能。

大数据通过对经济发展过程中数量巨大、来源分散、格式多样的数据进行汇集和关联分析,可以从中找出经济发展的内在规律或发展趋势,有助于决策者作出宏观预测和前瞻性决策。大数据分析方法将网络科学和行为科学结合在一起,可以发现新市场、提升新能力、创造新价值。运用大数据思维,对管理理念和管理模式进行变革,建立用数据说话、用数据决策、用数据管理、用数据创新的管理机制,将极大地提高管理效率。这其中的关键是最大限度地采集和整合数据,有效利用和分析数据,更好开发和应用数据。

同时大数据技术具有通用性和渗透性。数据采集和分析涉及每一个行业，带有全局性和战略性。大数据渗透力极强，是典型的通用技术，各行各业都可以大数据化，比如电信业正在变成电信数据业，金融业变成金融数据业，医疗业也变成医疗数据业等。大数据的价值主要体现在它的驱动效应，通过构建数据库，对现有数据按主题进行深度整合解析，利用机器学习等先进分析技术，实现数据的深入挖掘，用数据反映和解决现实问题从而带动有关产业和技术发展，通过数据分析提高各行各业解决难题和增值的能力。大数据对经济的贡献主要在于效率、效益和质量的提高。

3.1.4 大数据提升数据资源价值

开发大数据提升数据资源价值。为有效提高效率需要汇集多种来源的全面数据。事物的本质和规律隐藏在各种原始数据的相互关联之中。不同角度的数据可描述同一实体，每一种数据来源都有一定的局限性和片面性，只有融合、集成各方面的原始数据，才能更好地反映事物的全貌。对同一个问题，不同的数据提供互补信息，可对问题有更深入的解剖。因此，在大数据分析中尽量汇集多种来源的数据是关键。为实现大数据的更大价值，要不断优化大数据开发方式，使大数据处理和分析从系统化、集成化向知识化、智能化发展，实现数据采集范围持续扩大，数据采集手段持续创新，信息安全管理持续加强，数据关联分析持续深化，数据挖掘深度持续增强，数据分析预测能力持续提升。

3.1.5 大数据推动形成以数据资产管理为核心的管理新格局

构建以大数据管理为核心的现代管理新格局。数据就是事实，数据文化的本质是尊重规律的实事求是精神，这有利于转变传统定性思维的习惯。将大数据管理和尊重事实、注重理性、强调效率的文化理念相结合，完善数据采集、筛选、分析、应用机制，构建以深化数据应用为先导，以体系建设为基础，以绩效管理为抓手，以大数据管理为核心的现代管理新格局，形成用数据说话、用数据管理、用数据决策、用数据创新的文化氛围。

基本的经济增长理论中,企业和个人是最为重要的市场主体,资本和劳动是最为核心的生产要素;而新经济中,企业的边界在不断发生变化,分工模式更加多样化,以信息收集和匹配为主要职能的平台公司开始大量出现,并发挥越来越重要的作用。

此外,大量轻资产企业不断涌现,这些企业资本规模非常小,员工规模也非常小,但产值却非常高,创新能力非常强,已经很难用传统的资本产出率或劳动产出率来衡量其生产效率。这些企业在经济增长中发挥着越来越大的作用,而传统理论却很难解释这种现象,亟待拓展。

3.1.6 数据推动现代经济体系建设

大数据是建设现代化经济体系的重要资源。全球已进入一个将数据作为战略资源的时代。大数据蕴藏着巨大价值和潜力,它不仅是与物资、能源一样重要的经济要素,而且它可以改变传统要素在经济发展中的组合,是建设现代化经济体系不可或缺的战略资源。数字经济是建立在大数据基础上的创新型经济。信息技术与经济发展的交汇融合引发了数据迅猛增长,随着可分析和使用数据的迅猛增加,通过对这些数据的挖掘、脱敏、脱密、分析、应用、叠加应用,可以发现新的知识,创造新的价值,带来大知识、大科技、大服务、大发展。大数据是经济社会发展的革命性新动力,以信息流带动技术流、资金流、物资流、人才流,可以促进资源配置优化,促进发展质量和效益提升,是转变经济发展方式的有效途径,也是建设现代化经济体系的得力工具。运用大数据思维,建立用数据说话、用数据决策、用数据管理、用数据创新的机制,将极大地提高经济发展质量和效益。建立在相关关系分析法基础上的预测是大数据的拿手好戏,通过找出关联物并监控它,就能预测未来。通过分析大数据,企业可以实时掌握市场动态,敏锐地洞察客户、消费者以及合作伙伴们的行为和变化趋势,并迅速做出应对,制定更加有效的营销策略,更加精准地优化企业运营,更加和谐地与合作伙伴协同创新,为消费者提供更加个性化的及时服务。大数据还可以提高政府宏观调控、社会管理和市场监管能力,促进决策科学化、社会治理精准化、市场监管高效化。金融、电信、电商、交通、物流、外贸、能源、旅游等领域大数据的实时汇聚、挖掘和运用，能让宏观调控更好实现主动预调和微调，提高人们对风险因素的感知、预测和防范。

大数据是建设现代化经济体系的重要基石。大数据是继云计算、物联网、移动互联网之后信息技术融合应用的新焦点，是信息产业持续高速增长的新引擎，在这个系统中以大数据为代表的数字技术被广泛用于发展数字经济，并由此快速驱动整个实体经济的转型升级。实体经济与数字经济融合发展是建设现代化经济体系的主战场。要坚持创新驱动发展，加快大数据部署，深化大数据应用，为建设现代化经济体系贡献新动力。

3.2 大数据驱动经济高质量发展的实现路径

大数据驱动经济高质量发展路径是指大数据与实体经济之间相互渗透、相互交叉并最终衍生出产业新业态的全过程，即大数据推动实体经济转型升级，实体经济促进大数据落地生根，二者从开始接触到最终形成新业态的各种途径。通常，大数据驱动经济高质量发展路径主要包括技术驱动、产品驱动、业务驱动和产业驱动四个方面，四条路径并非彼此孤立，而是相互包含、互相作用、互相促成，合力推动大数据驱动经济高质量发展。

3.2.1 技术驱动

技术驱动是指大数据技术与其他产业技术之间驱动，推动技术创新发生，催生更多的新技术。一方面，大数据本身具有极强的创新性。大数据技术本身代表新一代信息技术前沿，技术研发密度高，创新空间巨大，容易产生更多的可以应用于实体经济的最新科研成果；另一方面，大数据技术的应用性强。大数据技术具有高效的数据获取、存储、处理分析能力，能够将海量数据中隐藏的知识和规律挖掘出来，推动不同产业技术效率的提升。例如，波音公司就将大数据技术与飞机故障诊断技术相驱动，使得故障预测成为可能。飞机系统通常包括发动机、燃油系统、液压和电力系统等数以百计的变量，通过传感器、物联网技术，这些变量数据不到几微秒就被测量和发送一次，通过大数据技术高效分析，可以实现即时的故障诊断。并且，挖掘海量的工程遥测数据，通过大数据的模拟仿真可以实现故障的动态性预测。

技术驱动的本质是不同技术之间通过重新组合发生化学反应，充分发挥不同技术的互补性，极大提高原有技术效率或实现更全新的业务功能。当前，我国处于产业结构转型升级阶段，大数据将成为助推这一过程的重要利器。大数据技术与不同产业技术的深度驱动，是基础技术架构的驱动创新，大数据进入各行各业的"五脏六腑"，全面渗透到企业的设计、生产、加工、销售等各个环节，打通各行各业"七经八脉"，以数据流重塑传统业务流程，从微观层面为企业提供更加有效的数字工具。当前，大数据技术与其他产业技术驱动主要有两种类型：一类是显性驱动，即大数据技术和其他技术有明显的技术共性特征，重新组合产生新技术可以预见将比原有技术有更高效率或者能够解决更多现实问题。例如，大数据技术与传统农业技术相驱动，在生产环节，与气象技术、种植技术等相结合推动农业精细化和品质化，在流通环节，与物流技术、信息平台相结合，实现农产品的全程可追溯。另一类，是隐性驱动，或者潜在驱动，即大数据技术与该技术之间没有明显的技术共性特征，但驱动之后会带来技术跃迁或突破性解决方案。例如传统企业"老干妈"试水大数据，通过大数据技术对消费者口感数据进行分析，进而保证产品研发的市场适应性，而在此之前，很多人无法想象老干妈这种传统食品企业会利用大数据技术。

3.2.2 产品驱动

产品驱动是指大数据产品或者服务渗透到其他产品中，弥补原有产品在功能上的不足或增添全新的功能，同时，增加产品的"数据分析"含量。产品驱动可以更好地满足用户对产品的需求，提升产品体验感，增强企业的市场竞争力。典型应用，如传统的金融服务与大数据驱动之后，传统金融业务如风险控制、行情预测、智能客服等都得到极大提升，同时，借助于大数据技术可以开发更多的金融衍生产品。

产品驱动的本质是大数据充分利用其他产业所积累的海量数据资源，改善传统生产过程的缺陷，推动企业定制更符合用户需求的产品或者服务。现代企业产品的研发与传统研发不同，由于自身技术知识资源限制和消费者需求的不断升级，仅仅传统研发设计思路，企业不太可能设计出全新高质产品，常常需要以问题为导向，通过大数据分析促进不同技术领域的合作。以汽车产品为例，汽车不仅仅是交通工具，在汽车制造和运行过程中伴随大量数据的产生，以车为中心的数据化包括零部件、发动机、驾车习惯、维修保养、交通状况等，这些生成的信息可以形成庞大的数据被挖掘应用而产生价值，大数据技术可以从汽车设计到汽车行驶的各个环节与用户需求和市场形势保持紧密联系，形成各种各样的汽车相关产品。

3.2.3 业务驱动

业务驱动是指大数据技术应用到企业的研发、设计、制造、营销、销售、维护等各个环节，重塑原有业务流程，促进组织结构变革，推动企业业务创新和管理升级。大数据对企业原有业务产生剧烈冲击：一方面，对外来说，让企业更加深刻的了解用户诉求，将业务数据与用户需求相结合，研发设计出更好的产品和服务；另一方面，对内来说，让企业的业务设置更加集约，删掉那些冗余无效的环节，合并相同职能部门，提高内部运作效率。以英特尔芯片的生产流程为例，每一块芯片从设计到出厂大概需要经过19000次测试，这样巨大的测试量既花费大量时间，也需要大量的资金投入。为了降低成本，英特尔公司使用大数据技术对测试数据进行分析，大数据筛选出其中的必要环节，删减其中的无效环节，使得英特尔能够大量的减少因质量测试要求而需要的测试次数。从晶片层开始，英特尔通过数据分析减少了生产环节中测试的次数并将使得测试重心在某些特定环节的测试上。

业务驱动的实质是大数据改造提升企业传统业务，赋能业务效率和更多解决方案，推动整个企业业务效率提升。传统业务仅仅是一个工序过程，业务过程中生成的数据被长期忽视，大数据唤醒业务数据价值，推动业务朝着科学合理高效的方向变革。以苹果手机为例，其产品的时尚性、创新性和体验性等优势，长期成为手机界风向标，而苹果手机的设计环节就充分运用了大数据分析。苹果公司充分利用与其合作的全球电话服务商，通过他们获得海量的手机客户的体验数据，再通过大数据分析获取进一步设计的灵感。

3.2.4 产业驱动

产业驱动是指大数据产业与其他产业相驱动催生出一些新业态，包括新的产业、新的平台、新的产业生态等。大数据与传统产业驱动，一方面，大数据在传统产业中的广泛应用和扩散产生了很强的溢出效应，打破原有产业边界，使得传统产业跨界成为"新物种"；另一方面，传统产业多是以规模经济为主，大数据使得产业链条得以延伸，并跨界进入其他领域，获取范围经济的益处，在日趋激烈的市场竞争中降低运营风险。以货车帮为例，传统运输业和大数据业深度驱动形成一个全新的国内货运互联网信息平台。货车帮掌握了大量司机和货源数据，在大数据技术的支持下，充分利用这些数据资源，实现司机和货主实现高效匹配。

可以预见的是，伴随大数据在各行各业应用程度的逐步加深，基于特定行业和业务流程的大数据分析应用需求将会迅猛发展，大数据技术将加速打破其他产业边界，迸发出新的发展动能。以数据分析、挖掘、组织管理、应用服务为核心的大数据产业集群将逐步发展壮大，大数据既要作为传统产业升级的助推器，也要成为孕育新兴产业的催化剂，同时大数据产业链上的许多链条将直接与传统产业链条相驱动，产生新的产业业态和商业模式。大数据产业将与制造业、旅游业、金融服务业等传统产业深度驱动，进而衍生出材料数据服务业、金融数据分析业、旅游产品设计业等一系列新兴业态。例如，大数据产业与传统的房屋租赁业务相驱动产生了一家专业化房屋资产管理公司。自如租房公司通过大数据分析用户数据，建立了租客信用体系自如分、租住行业智能家居平台、租住社交平台，将合适的人群安排在一起共同承担房租，累计服务140万自如客，为超过30万业主管理60万间房源。公司管理资产价值超过7000亿元人民币，发展方向逐步走向房产组合管理与规模效益。

3.3 大数据驱动经济高质量发展的动力机制

3.3.1 大数据推动产业跨界融合

大数据是产业融合的重要动力。大数据具有极高的渗透性和驱动功能，成为跨界融合发展的驱动力，正在引发各领域、各行业生产模式、商业模式、管理模式的变革和创新，促使各行各业的发展从业务驱动向数据驱动转变，实体经济发展步入数字化转型、融合化创新、体系化重塑发展新时代。在服装、家电、装备等制造领域，大数据可以打通车间、仓储、市场等产业链上下游之间的信息渠道，消除供求信息不对称，优化资源配置，实现供需动态平衡；在餐饮、零售、电商、交通、旅游、金融等服务业领域，大数据可以提升精准营销和服务能力，促进供求精准匹配、服务业态创新和服务质量提档升级；在农业领域大数据可以提高农业抗旱抗灾能力，提升农产品质量，为农业增效、农民增收、农村发展提供有力支持。因而，大数据应用成为实体经济提档发展的新抓手，数据资源成为实体经济创新发展的新要素，数字经济成为实体经济跨越发展的新途径，数据驱动型经济创新体系和发展模式正在加快形成。要全面实施促进大数据发展行动，大力推进网络信息产业跨越创新，加快数据资源红利释放，推动实体经济和数字经济融合发展，推动制造业加速向数字化、网络化、智能化转型和发展，继续做好信息化和工业化深度融合这篇建设现代化经济体系的大文章。

3.3.2 大数据是一种新型生产要素

大数据本身就是促进经济发展的一种要素。数据所包含的信息能优化企业决策，促进生产，数据就是信息；数据信息可以加速资源流转速度，使得特定资源在给定时间里生产更多的产出，数据就是时间。数据是信息，这是一个接受程度较高的概念。新经济时代，大数据使得企业对外围市场供给和需求的信息可得性大大提高，企业能根据这些信息进行更为精准的市场定位，创造更高的效益。企业掌握的关于其他企业的供给方信息，能够使企业更好地进行错位竞争，也能够更为迅速地了解其他企业的相关产品和技术信息，获得溢出效应。此外，企业掌握的关于消费者的信息，使得企业能够更好地进行产品定位，实行价格歧视，提高利润率。

数据是时间，能够加快企业自我识别的过程，加快资源流通速度，提高资源配置效率，促进企业成长与经济发展。企业进入市场和决定是否继续生产是基于对现有市场盈利状况及自身生产率水平的判断，相对于传统经济，大数据信息能够使得企业更快更完整地获得市场信息，也能更快地对自身生产率水平做出识别，以做出合适的生产决策。在传统的对企业全要素生产率水平的度量中，一个较大的不足就是对资源流通速度处理不够周全。如果生产相同产品的两个企业有相同的生产要素，而生产周期却差异非常大，则两个企业的生产率水平差异会非常大。传统经济理论对这类问题并没有做特别处理。新经济时代，资源流通速度、资源利用效率的问题会越来越重要，更加需要深入的研究。

3.3.3 大数据降低市场进入门槛

一个潜在的市场进入者，基于信息 D1 在市场外决定是否进入市场，进入成本为 f1，决策结果是淘汰概率（不进入市场的概率）为 p1；企业进入市场后，基于信息 D2，支付一个自我发现的成本 f2，确认自己的生产率水平，以确定是否继续留在市场里进行生产，决策结果是淘汰概率（从市场中退出的概率）为 p2；企业进入市场并进行生产后，同样需要动态决策，此时基于信息 D3，支付决策成本 f3，未使用大数据决策的企业淘汰概率（从市场中退出的概率）为 p3。大数据信息在企业决策的过程中发挥了非常大的作用，从而对微观企业乃至宏观经济产生巨大影响。

企业决定是否进入市场时，需要支付一定的进入成本，这个成本主要用于了解现有的市场供给和需求情况，如进行行业需求调研、成本分析等，这一成本的大小高度依赖于企业对市场信息的掌握程度。均衡时，进入成本会等于企业对进入市场的预期收益，当进入成本下降时，会降低市场进入壁垒，活跃市场进入，有利于更多企业家精神的发挥和消费者福利的提高。这一机制对于已经进入市场的企业在决策是否继续留在市场时同样适用。新经济时代，大数据提供的市场信息，使得企业对需求方和供给方有更为全面的了解，能够显著降低市场进入门槛和企业是否退出市场的决策成本。

3.3.4 大数据促进行业分工细化

经济能够持续增长的动力在于资源能不断流向效率更高的生产者，以产生最大的产出。让优秀的企业做大做强，让低效的企业尽快退出，这是市场"看不见的手"调节资源配置的精髓。企业在刚进入市场时，并不完全知道自身的生产率水平，以及在本行业的真实地位，大数据能使企业加速自我发现，再结合企业对市场信息的迅速获取，就能在很大程度上提高退出概率 p1、p2、p3，加速资源重组，优化资源配置，提高经济增长速度和质量。

大数据时代，信息集聚使得分工进一步细化，分工的细化会扩大产品种类，以满足不同消费者的差异化需求；而产品种类的大规模增加会使得行业内部的产品替代弹性相对上升，一种产品的价格小幅下降会对相关产品的需求产生较大的冲击，行业的自然壁垒上升。因此，在位企业如果能较好地利用先行优势，降低平均成本，提高行业进入壁垒，就能够在市场竞争中占据更为有利的地位，改变现有的市场结构，扩大市场份额，提高市场地位。

第4章 大数据驱动经济高质量发展的国际经验与启示

4.1 美国发展大数据经验

4.1.1 保持政策前瞻优势

政策上保持领先优势。人类的信息技术革命起源于美国,其信息化水平一直处于全球领先序列。同样,作为大数据的策源地和创新引领者,美国也一直引导着全球大数据的发展方向。美国历来重视创新,详细分析其颁布大数据政策与措施,不难发现,美国大数据发展充分保持全球领先的战略优势:一是大数据核心技术研发部署领先。2012年美国发布了《大数据研究发展倡议》,倡导在很多领域要积极开发大数据应用,强调通过对数据资源的利用来推动美国科学与工程领域加速创新。二是大数据政策框架和法律规章率先出台。美国注重大数据为经济社会发展所价值,同时也注重其带来的隐私保护、数据治理、公共安全等一系列问题。2014年美国发布了《大数据:把握机遇,守护价值》就强调要挖掘大数据的价值,同时也要应对大数据的挑战。三是数据驱动体系建设布局前瞻。美国注重大数据发展的顶层设计，对于数据驱动不同行业的体系建设布局较早。2016美国政府颁布大数据发展倡议的升级版《联邦大数据研发战略计划》，强调要加快构建数据驱动战略体系，激发经济社会发展潜能，加速科学发现和创新进程。在高新技术产业发展历程中，美国政府通常扮演引导和扶持的角色，其中最常用的手段就是政策支持。为保障美国在大数据领域的领先地位，美国政府陆续出台了一系列政策措施，主要包括三种类型：一是引导和鼓励研发型政策。鼓励政府相关部门、高等院校、科研机构、企业研究中心等多种机构展开大数据开发研究，大力推动数据驱动型创新。如2012年，美国启动"总统创新伙伴计划"，对促进涉及能源、教育、国际发展、公共安全以及其他关键领域的多项开放数据计划具有重要的推动作用。二是推动数据开放型政策。推动政府数据开放共享，为大数据发展提供原材料资源，营造良好的发展氛围。如上文所叙述一系列推动政府数据开放共享文件。三是大数据引致风险防范型政策。美国政府未雨绸缪，在紧抓大数据发展带来的机遇的同时，也注重大数据所引发的隐私泄露、公共安全等一系列问题的防范工作。如2016年，美国联邦贸易委员会（FTC）发布研究报告《大数据：包容工具抑或排斥工具》，就探讨正确合理应用大数据，使人们既能充分享受其技术成果带来的收益，又能最小化其法律和道德风险。

4.1.2 保持数据产业生态优势

助推大数据企业掌控全球数据产业生态。在全球信息化过程中，凡是掌控终端操作系统的企业就能掌控整个产业的生态。PC时代，微软掌控了个人计算机系统，移动互联网时代，谷歌和苹果掌控了移动端操作系统。进入大数据时代，美国信息科技巨头也希望凭借传统IT优势和软硬件核心技术能力再次掌控大数据产业生态。以IBM、亚马逊、微软、谷歌等为代表的美国传统信息技术巨头，通过并购、整合、吸收，先期推出了各种面向大数据的服务产品，抢占数据仓库、数据挖掘、数据搜索、数据分析等领域的制高点，并逐步掌控了大数据细分产业链的核心价值环节。

4.1.3 保持技术应用拓展优势

深入开展大数据技术应用拓展。早在20世纪20年代初，美国就已经建立了定期收集和公布国民收入的统计制度。完善的统计制度和发达统计部门，使得美国各行各业都积累了大量高质的数据资源。进入大数据时代，大数据技术与各行各业融合，充分激发行业沉淀数据的潜能，挖掘出新的商业价值。美国大数据探索应用主要集中于农业、制造业、金融业、零售业、电子商务等领域。以农业为例，大数据技术广泛应用于农业，通过分析气候数据、土壤数据、温度和湿度等影响农作生长与健康的相关数据，推动农业的精细化种植，培育生产更高质农产品。

4.1.4 保持大数据环境生态优势

全方位营造良好的大数据发展生态。大数据产业生态是指围绕大数据产业所形成的多维网络体系，主要包括科研能量、服务平台、人才培养、应用产业和基础设施等几方面。当前，在大数据产业生态中最为重要的就是科研能量。大数据技术是一门新兴的信息技术，大数据产业生态建立的关键核心是技术基础。借助于传统IT巨头、政府研究中心、世界知名高校和科研机构的科研成果，美国大数据企业汇聚科研能量，在大数据技术生态上处于领先地位。在互联网发展过程中，通过技术开源社区掌握细分产业生态案例屡见不鲜。这些企业通常通过开源项目的方式推动技术创新，并将技术成果向其他企业开源辐射，催生更多技术和服务应用的创新，逐渐形成以其为基础平台研发产业化体系。以Facebook的Presto技术为例，Presto能够合并各种大小（从GB级至PB级）的数据源并进行交互式的分析查询。目前这一数据分析查询技术应用包括美国本土Airbnb、Dropbox、Netflix等企业都使用该技术，同时，也包括日本Gree、中国京东等大型互联网企业。另外，值得注意的是，美国注重大数据人才培养，目前美国有超过240所大学开设了与数据科学的课程，大部分州的大学也都可以授予数据分析学士和数据科学硕士学位。

4.1.5 保持政府对大数据的开放优势

政府数据开放力度持续增强。据统计,政府拥有全社会信息资源总量的80%以上,政府数据开放有助于社会进行增值开发和应用创新。从大数据产业的发展趋势来看,政府推动公共数据开放共享是大数据时代发展的必须过程。美国政府认为:"数据是一项有价值的国家资本,应对公众开放,而不是将其禁锢在政府体制内。"从2009年开始,美国政府为推动大数据更广泛的应用,分三阶段推动政府数据开放:第一阶段,准备阶段(2009~2010年),这一阶段主要是为数据开放进行技术和制度准备。技术准备是政府数据开放网站Data.gov上线,制度准备是颁布一系列数据开放计划和数据要求文件;第二阶段,完善阶段(2011~2013年),对数据开放过程中存在的问题进行处理,如对Data.gov网站进行改版升级,并颁布一系列增强数据资源的开放性和互操作性文件,进一步完善政府数据开放体系,稳步推进政府数据面向全社会;第三阶段,推进阶段(2014年至今),重点是总结数据开放经验,深入推进政府数据和公共服务行业数据开放。2014年,白宫发布的白皮书《大数据:抓住机遇,守护价值》,总结了美国大数据中的隐私保护政策和立法。2015年以来,美国政府举办通过举办论坛、峰会的方式加快各行业数据开放步伐,如开放政府和技术博览会、联邦政府开放数据圆桌会议等。

4.2 德国发展大数据经验

4.2.1 推动大数据与装备制造业融合

推动大数据与装备制造业融合。将技术创新融合到装备制造领域是德国的传统,这也是德国在装备制造领域长期保持世界领先优势的主要原因。

在大数据飞速发展的新时代，德国适时提出了"工业4.0"计划，整个框架的核心要素就是整合各种数据，包括纵向的整合、横向的整合和端到端的整合。"工业4.0"平台于2013年汉诺威工业博览会上提出，5年左右时间已取得不少成效，其中大数据技术发挥着重要作用。"工业4.0"是德国传统装备制造业迈向智能制造的一项重要举措，通过大数据技术，推动所有的生产装备、感知设备、联网终端以及生产者，都成为数据源并不断的生成数据，这些数据将会渗透到企业运营、价值链乃至产品的整个生命周期，全面提升制造业的产品质量和出口竞争力。

4.2.2 推动大数据应用于生产设备

加速知识向生产设备和系统固化。据德国数字协会Bitkom2018年3月发布的调查报告显示，德国大数据应用市场2018年收入将达到64亿欧元，同比增加10%。其中，硬件行业将成为增长最快的市场，收入将同比增加18%，达到6.71亿欧元。在大数据与制造业融合过程中，德国充分推动大数据在生产设备上使用，主要体现在三方面：其一，在生产环节上。德国认为人为因素肯定会产生一些失误，而各种各样的"小错误"经过流水线的每个环节逐级放大，必然会最终影响产品的品质。因此，通过大数据对生产规律进行更为精细的提炼，再将这些知识固化到生产设备上以尽可能把人为因素影响降到最低。其二，在企业管理和经营上。在企业的管理和经营方面德国也致力于通过大数据降低人为因素。德国是在工业软件领域具有领先优势，如企业资源管理（ERP）、生产执行系统（MES）、产品生命周期管理系统（PLM）等优秀供应商大多是德国公司，通过大数据尽量减少人为因素带给管理和经营上的不确定性，是当前德国工业软件发展的新方向。据估计，2018年德国工业软件市场仍将持续扩大，同比增长9%达到31亿欧元。其三，在产品销售上。由于德国生产线的高度自动化和集成化，其整体设备效率（OEE）已经非常高，优化改进空间比较小。因此，德国大数据与工业融合的另一个方向就是进行工业产品设计和销售，为客户提供更加智能、便捷、个性的服务。

4.2.3 推动建立可信数据网络空间

打造可信数据网络空间。在大数据时代，由于德国以往对数据的采集工作的忽视，导致在设备诊断与健康管理方面技术较为薄弱。德国大数据与工业融合的一个重要步骤就是要将跨行业的分散数据聚合在一起，形成一个可信的数据网络空间。可信数据空间是欧洲最大的应用科学研究机构弗劳恩霍夫应用研究促进协会根据最新的 IT 技术，定义的安全数据空间的参考体系结构模型。"可信"主要是解决数据提供者和应用者之间的信任问题，德国的做法是让数据合作伙伴之间进行认证，并提供标准接口连接不同的合作伙伴。"数据网络空间"是实现数据合作者之间的大连接，数据空间连接工业 4.0 产品、服务创新以及底层的宽带网络基础设施，还包括生产设备、控制设备、各类传感器之间的联接。数据网络空间的最直接的功能就是连接"智能生产"（工厂）、"智能物流"公司（运输）和下游需求"智能服务"（客户），实现三方信息的即时沟通。在这个过程中，数据网络空间要直接汇聚整合来自工厂和物流公司的数据，同时，还有汇聚来自政府部门的公共数据（如气象、交通、能源等方面的数据）以及电商数据、社交数据、媒体数据等第三方数据。目前可信数据空间项目已经得到德国和国际 30 多个重点企业支持，其中不乏 Allianz、拜耳医药、大众等世界知名企业。

4.2.4 推动数据保护与数据开发并行

严格的数据保护制度与审慎的开发制度相结合。德国对待公共数据的态度是严格的数据保护制度加审慎的开发服务。一方面，德国实施严格的数据安全制度。为防止因数据泄露导致侵犯个人隐私的行为，德国历来重视数据保护。德国是数据保护方面的先行者，有比较完善的数据保护法律法规。1970 年，德国黑森州就出台了数据保护法，1978 年，德联邦层面的数据保护法生效，现行的《联邦数据保护法》于 2009 年修改并生效，其约束范围包括电子通信、互联网等信息技术应用领域。德国各州以《联邦数据保护法》为基础，分别制定了本州的《数据保护法》。同时，针对电信、媒体、艺术等领域数据保护的特殊性，德国颁布了《电信法》、《媒体法》、《远程媒体法》等专门法规。此外，还对《税法》和《社会保障法》有关公民在税收和社保方面的数据使用有着专门规定。严密的法律体系让德国数据保护工作非常规范。另一方面，德国对数据资源开发持较为审慎的态度。德国公共数据资源的开放一般是政府主导全过程，数据收集和存储主要是通过政府来建设大型基础数据库和地方数据库，数据的用途主要用来支持政府管理、公众服务和相关决策。德国数据开放计划整体偏向保守有序。2000年，德国发布了《2005年联邦政府在线计划》，要求联邦政府到2005年所有政务工作都能在线办理，旨在通过电子政务提高政府行政效率。2003年，德国又推出了"德国在线"计划，要求整合电子政务相关工作，加强政府数据库建设，聚合政府数据资源，并以公众需求为导向提供相关服务。

4.2.5 推动"智慧数据"项目开展

实施"智慧数据"项目。在大数据迅速发展的背景下，德国政府为了推动德国大数据技术的创新与发展，专门启动数据创新项目"智慧数据"。与美国、英国这些大数据技术发展相对领先的国家相比，"智慧数据"是德国展开的一次弯道超车。"智慧数据"项目旨在鼓励德国信息技术企业、大型公司、高校、科研机构和中小企业共同挖掘数据资源蕴含的能量，协力推动德国在大数据领域占据一席之地。"智慧数据"项目紧紧围绕"数码德国2015"战略设定的目标展开，主要目标有三点：一是提供创新型服务，通过挖掘数据潜力，开发创新型系统解决方案。二是优化发展环境，通过一系列的制度设计，推动数据拥有方和使用方在一个安全、可靠的环境下运用数据资源。同时，该项目还要保障德国的隐形冠军——广大中小企业能够享有数据服务。三是与"工业4.0"等项目产生协同效应。该项目涵盖并串联了重要的基础技术和标准，是德国工业大数据发展的重要举措，因此要求与"THESEUS""可信任的云"、"工业4.0"、电动汽车、E-Energy

等项目产生协同效应，不同项目之间相互促进发展。

4.3 日本发展大数据经验

4.3.1 以实用开发为大数据发展思路

以务实的应用开发为主要发展思路。日本政府认为大数据是提升日本竞争力的不可或缺工具。日本的大数据战略，以务实应用为主线，以与医疗、能源、交通、农业等传统行业结合为着力点，主要针对经济低迷、人口老龄化、社会缺乏活力等一系列现实问题。例如2012年，日本总务省发布的《面向2020年的ICT综合战略》，提出"活跃在ICT领域的日本"的目标。新ICT战略重点关注大数据应用与传统产业IT创新、新医疗技术开发、缓解交通拥堵等多领域融合问题。2013年6月，日本政府公布了"创建最尖端IT国家宣言"信息化战略。"宣言"中提到要以发展开放公共数据和大数据为核心，把日本建设成为一个具有"世界最高水准的广泛运用信息产业技术的社会"。

4.3.2 以大数据企业作为研发主体

鼓励信息技术企业开发大数据业务。日本政府鼓励日立、松下、富士通等有实力的知名日本企业开发大数据业务，从数据存储和基础设施处理，到各种数据分析应用。利用日本科技和制造企业多年积累的经验和优势，推动大数据应用创新和开发走在全球前列。如日立公司建立全球创新分析中心，推动日立大数据分析加速客户数字化进程，提供应用端到端的大数据解决方案，为用户提供商业咨询、技术支持、大数据分析服务和系统解决方案。富士通专门研发数据高速处理技术，并建立了大数据中心，结合在大型机领域的优势，为用户、合作伙伴和新建企业提供一站式服务。同时，从企业投资方向上来看，通过大数据推动产品销售、新产品开发、商业智能关联等 IT 投资目前占其总额的半数以上。

4.3.3 以培养大数据人才为重要课题

加快大数据人才培养。各领域对大数据人才的高需求与大数据人才的紧缺是当前各国大数据发展普遍存在的问题。据日本 Gartner2015 年调查报告显示，大约六成以上的日本企业目前正在积极考虑应用大数据，并预计应用大数据的日本企业的数量将持续增加。然而，日本大数据发展也面临很大困境，根据野村综合研究所公布的调查显示，由于日本在大数据方面专业人才严重不足，导致日本企业在大数据具体运用于商务运营方面存在很大障碍。2018 年 6 月，日本内阁府估测称，截至 2020 年，日本 AI、大数据领域人才将不到 5 万人。因此，加快大数据人才培养成为日本的重要课题。对此，日本政府准备实施"综合创新战略"，旨在以人工智能（AI）相关人才培育为中心，为日本培养更多年轻学者及科研人员。具体措施有：一是创造条件，统一相关领域的数据格式和标准。日本要在 2020 年前统一农业、医疗、保健、防灾等大数据的格式及标准，促进企业及研究机构活用大数据。二是增加流量，保障大数据人才增长速度。"综合创新战略"制定人才增长目标：2025 年以后，日本 AI、大数据人才以年均 1 万人的速度保持增长。三是盘活存量，培养年轻科研工作者。日本政府开始着力培养 40 岁以下的科研工作者，为大数据相关项目提供充足科研资金，创造良性研究环境。

4.3.4 以技术与法律共同推动数据开放

推动公共数据开放应用。在推动公共数据开放方面，日本紧随美国步伐，加大对政府部门数据的开放力度。日本推动公共数据开放的做法主要有：一是制定数据开放战略。2012 年，日本 IT 战略本部发布电子政务开放数据战略草案，该方案推动日本中央各部委和地方省厅网站向公众开放数据。同时，该草案为了确保国民方便地获得行政信息，政府将逐步实现统计信息、测量信息、灾害信息等公共信息的标准化工作。二是成立数据开放推进联盟。"用国家经费收集或生成的数据属于国民的共享财产"这是日本推进数据开放联盟的观点。2013年，在日本总务省情报流通行政局主导和推动下，由三菱综合研究所牵头成立了"开放数据流通推进联盟"，旨在由产官学联合，促进日本公共数据的开放应用。三是增强数据流通性。由于对处理隐私和信息保护的问题的谨慎态度，日本行政部门和企业对于公开信息步伐相对较慢，为了加紧数据开放，日本政府通过一步充分利用匿名化技术和适当修改日本个人信息保护法来增强数据流通性。

4.3.5 以政府为示范推动大数据应用

为了推动大数据技术在日本的广泛应用，日本政府率先示范。一方面，加强大数据使用环境建设。"电子政府"是日本2001年提出的理念，在大数据时代，日本政府认识到，建立推动大数据使用的环境是非常必要的，因此，应该把电子政府建设与大数据相结合，对政府管理进行计算机化，对政府数据进行有效处理。另一方面，通过一系列大数据技术的使用提高政府行政效率。日本政府推出数据分类网站data.go.jp，让不同政府部门和机构的数据可以一起使用，向数据提供者和数据使用者开放数据。

4.4 英国发展大数据经验

4.4.1 财政大力支持大数据发展

战略和财政双重支持。2017年3月，英国政府正式出台了英国数字化战略，启动推进数字化业务。推动大数据、人工智能等新技术研究是战略的重要组成部分，希望以此提升英国在数字化时代的竞争力。英国数字化战略中对于大数据产业发展的支持，主要举措是建立大数据产业加速器，

| 第 4 章　大数据驱动经济高质量发展的国际经验与启示 |

即通过政府整合技术、人才、资金等产业生态发展需要的资源，孵化推动一批大数据企业的发展。同时，英国政府长期以来对大数据研发和应用方面投入大量资金。2013 年 4 月，英国经济和社会研究委员会宣布投入 6400 万英镑用于大数据研发，其中一半以上资金用来建立"行政数据研究网络"，以促进政府数据对科学研究、政策制定和执行的作用。2014 年，英国政府又投入 7300 万英镑进行大数据技术开发，包括在 55 个政府数据分析项目中开展大数据技术应用。

4.4.2　挖掘相关沉淀技术

充分应用雄厚的技术积累。作为工业革命的发源地，英国在信息技术的普及和应用方面落后于美国，但总的科技创新能力和科研团队仍然是全球顶尖水平。英国政府对于大数据抱有非常大的期望，"两百年前的工业革命用前所未有的方式开创了历史，现在用大数据的形式来进行生产和提供服务同样是在创造历史"。英国充分利用国内一流的科研机构和高等学府，发挥其在计算机处理、人工智能、计算机软硬件开发等信息技术领域的技术储备。英国在大数据前沿技术方面有着非常一流的企业，如著名的阿尔法狗（AlphaGo）就是由位于英国伦敦的谷歌旗下 DeepMind 公司研发。

4.4.3　以"数据银行"推动政府数据公开

建立"数据银行"推动政府数据开放。英国对大数据革命抱有极大的热情，对政府数据公开也保持一种积极态度。据英国 Policy Exchange 智库发布的报告显示，英国政府通过高效使用公共大数据技术每年可节省约 330 亿英镑，相当于英国每人每年节省约 500 英镑。英国开放公共数据的主要思路是建立统一平台搜集汇聚不同类型数据资源，整理分析后再向公众开放。在 2009 年，万维网之父蒂姆·伯纳斯·李爵士受邀担任英国政府开放数据顾问，帮助英国政府打造了"英国数据银行"（date.gov.uk），公布英国财政、交通、医疗、教育等部门的政府信息，并根据公众反馈意见进行优化改进。英国数据银行项目是目前全球最成功的政府数据公开的项目之一。

2012年，英国又成立了世界上首个非营利性开放式数据研究所（The Open Data Institute，ODI）。ODI 以互联网为媒介将全世界人们提供的数据汇聚到统一平台，并通过云存储等新兴技术手段实现海量数据存储。英国公开的数据目前已经应用到土地、气象、环保、市政等多个领域，并且逐步应用到其他领域。同时，英国政府自身通过大数据技术使用公共数据资源提升政府部门的工作效率，示范推动其他机构在数据提供和应用上的积极性，直接或间接为英国政府每年约创造了600亿英镑的收入。

4.4.4 将大数据战略融入国家产业体系

大数据战略贯穿英国产业生态。大数据成为英国国家战略后，英国政府积极推动大数据战略贯彻英国整个产业生态。英国政府针对不同行业，实施具体政策引导和支持。其中，代表性做法有：一是推动大数据与农业深度融合。在大数据推动下，英国农业与数字技术、气象技术和土壤技术等更为紧密的融合在一起，实现精准化、科学化、精细化地农业种植和养殖。大数据推动英国农业进一步向技术化、信息化方向迈进。二是推动大数据与医疗行业深度融合。医疗大数据可以说是英国政府投入资金最多的领域。英国政府通过建立医疗健康大数据旗舰平台（care.data），集中整理了全英国家庭医生和医院记录的病例、社会服务信息，并推动医疗数据资源的统一归口、共享、分析，以便能够更好地认识病患、研发药物和创新治疗方式。三是推动大数据与航空业深度融合。围绕大数据技术，英国航空部门制定航空技术战略可以分为两部分：一部分是从技术角度，通过大数据提高飞行设备的稳定性，大数据可以应用到飞机的修理维护、停机管理、燃料消耗等多种方面，通过大数据技术来检测、调查、预防和监视机械故障，可以极大地提高设备的稳定性；另一部分是从商业角度，要通过大数据实现传统航空商业模式的转变，该战略指出要通过实现设施现代化和更加智能地利用客户数据来增加营业收入。

第4章 大数据驱动经济高质量发展的国际经验与启示

4.5 对中国的启示

1. 从国家战略出发,鼓励增强社会各界推动大数据发展和应用

大数据已逐渐成为国家竞争力的重要体现。国家综合实力也将愈发体现为一国拥有数据资源的规模、活性以及应用水平。当前,大数据技术领域垄断并未出现,商业模式创新处于探索阶段,我国在数据资源拥有量上具有绝对优势,因此,我国要紧抓大数据发展机遇,发展好、应用好大数据,将大数据战略与国家发展需要相结合,强化全民数据意识,鼓励应用大数据解决发展问题,树立以数据提高效率、提升精细化和智能化水平的认识,让大数据成为助力我国经济从高速增长转向高质量发展的有力依托。

大数据领域能否形成制高点是未来国家间信息技术竞争成败的关键,因此,各国纷纷将大数据发展置于战略性地位。从美国大数据行动可以看出,美国对国家安全、公共服务、重要基础设施等关键领域是以政府部门为主导,并鼓励企业、高校、科研机构以及个人进行多方协作,共同推进大数据技术深入应用与创新,加深美国在大数据核心领域竞争优势的形成。因此,我国应积极调动政府、企业、高校、科研机构以及个人等多方力量,形成高浓度的科研能量和高劲力的创新动力,对大数据关键技术进行深度跟踪和应用拓展,对数据资源进行有序开放与深层开发,对大数据产业进行体系构建和生态整合。

党的十九大报告指出,我国社会主要矛盾已经转化为人民日益增长的美好生活需要和不平衡不充分的发展之间的矛盾。我国应借鉴日本务实利用大数据的经验,充分应用大数据解决我国经济社会发展中的不充分不平衡问题。一是应加快大数据与精准扶贫的融合,整合我国现有扶贫数据库,动态测量我国扶贫各地区贫困状况,数据解析不同区域的致贫原因,进一步创新扶贫手段,实现更加精准、科学、持续的扶贫工作。二是应加快大数据与服务民生的融合，推动大数据在住房、医疗、教育、交通、环保等领域的应用，让大数据技术融入人民生活的不同领域，解决人民生活中遇到的实际问题，提升公共基本服务能力，进一步满足人民对美好生活的需要。三是应加快大数据与社会治理的融合，利用大数据追踪社会热点问题，研判社会风险发生概率，强化舆情关联分析，推动我国社会治理的精准性和靶向性。

投资保障是中国政府大数据产业发展政策的重要特点。我国政府要加大对数据产业的财政投入，充分发挥财政资金的引导作用。首先，要尽快完善政府采购大数据服务的配套政策，加强各级政府和企业对大数据开发应用的支持力度。鼓励政府部门和公用事业的信息化应用中采购大数据技术，以政府采购数据引导产业发展。其次，要加快推进出台实施大数据产业生态中的相关企业享受税收优惠政策。对符合国家税收优惠政策规定的大数据企业，经相关部门认定后实施更加优惠的企业所得税政策。对于市场前景良好的大数据初创企业，纳入小微企业优惠政策扶持。对符合税法相关规定的大数据新技术、新产品、新工艺研究开发费用，实施加计扣除政策。

2. 将企业自主创新置于首位，加快大数据人才培养

企业是创新的主体。美国将创新视为发展的重要基石之一，从信息技术的发展历程来看，美国企业的自主创新发挥了重要作用，例如互联网、个人计算机、电子商务、智能手机、社交网站等大多是由美国企业首先发明并产业化的。只有创新才能驱动产业发展，才能保障技术的领先优势。因此，我国应大力推动围绕市场价值和应用前景为目标的大数据创新活动。一方面，要加强我国鼓励创新的制度建设，尤其是"发明者优先"专利保护制度，创造有利于企业创新的外部氛围，让创新收益得到持久有效保护；另一方面，要积极打造创新生态系统，围绕创新主体形成多元化、互补性的现代创新群落，主要包括以科研机构、高校、重点实验室、企业研发中心为创新源头的创新生产群，以大中小型企业为创新应用的创新分解群，和以政府、应用企业和个体消费者为创新体验的创新消费群，让创新群落

之间形成齿轮式连接和耦合，共同推进我国大数据发展与应用走在世界前沿。

德国对中小企业发展极为重视，中小企业被认为是德国工业长期保持优势的重要支撑。我国各行各业都有数量庞大的中小企业，据国家工信部发布的数据显示，我国中小企业总量约为7000万家，约占全国企业总数的98%以上。从目前的大数据革命来看，全球范围内多是以大企业特别是具有垄断地位信息技术企业做主导，而中小企业既无能力进行高昂的前期投入，也对大数据应用的及时回报存在疑惑。因此，我国应保障中小企业在大数据时代的发展中不落伍，加快建立公共数据服务平台，充分考虑中小企业业务需求，为广大中小企业提供所需服务包括信息、测试、资金等多方面支持，推动我国中小企业积极应用大数据技术。

在大数据人才方面，我国与日本情况类似也比较紧缺，因此，应加大数据人才培养力度，加快大数据人才队伍的建设。我国大数据人才紧缺主要表现在高端人才和基础人才双重缺乏，因此，一方面，加强大数据高端人才的引进力度。高端人才对于大数据技术和产业的发展具有重要作用，同样高端人才短期内是难以培养出来的。因此，要完善高端人才引进制度，创新引进政策，"松绑"高端人才管理制度，积极要求高精尖人才参与我国大数据科研合作，高薪聘请大数据领域的海外领军人物。同时，对大数据关键性技术，可以以项目的形式通过揭榜挂帅完成攻关。另一方面，要加快大数据基础人才培养步伐。高端人才对大数据发展有着关键作用，基础人才则是大数据发展的重要支撑。要深化科研院所、高等学府与大数据企业展开合作，鼓励有条件的大学增设数据分析、数据挖掘、数据科学、机器学习等与大数据技术和应用相关的课程。加强产业联盟生态建设，鼓励高校大数据相关专业学生到企业实践，确保学生的专业知识和技能与大数据前沿应用相结合，夯实我国大数据基础人才质量。

3. 政府应加大数据开放共享力度，推动政府数据资源利用

数据资源只有开放聚合才能形成价值，只有共享使用才能放大价值。正是基于这种考虑，美国将"共享第一"作为IT共享服务战略的基础范

式，在推动数据资源开放共享方面可谓不遗余力，通过一系列举措促进大数据平台不断开放，积极推动政府数据资源面向社会各界。我国在数据资源方面具备天然优势，数据资源种类丰富且规模庞大，因此，我国应加大数据资源开放力度：一方面，我国应加快完善数据采集体系。数据采集体系包括采集、传输、初步处理、存储，通过建立完善的数据采集体系才能对大量数据源进行数据即时跟踪和处理，才能获得具有良好质量的数据。同时，我国应加强特定主题数据监测系统方面的建设工作，如交通、能源、电力、水务、医疗、气候等公共服务主题数据库。另一方面，应进一步推动数据开放平台建设。截至2018年4月，我国地方政府数据开放平台共有46个（省级8个、副省级7个、市级31个），整体开放规模仍较少，数据开放力度也很有限。我国应在立足国情的基础之上，健全数据开放相关法律法规，构建开放政府数据的整体框架，制定有序有效的开放计划。

一方面，政府部门应充分利用大数据技术处理自身积累的数据资源。伴随政府信息化进程的不断推进加之政府管理覆盖面较大，政府部门在医疗、环卫、食品、交通、舆情等领域积累了丰富的数据资源，政府部门率先在上述领域进行大数据应用示范，并逐步在其他部门、行业的推广应用范围。另一方面，应通过大数据应用，加快推进我国电子政务服务智能化，并加强移动政务服务模式的拓展，进一步增强政府公共服务的普及性、便捷性和实用性。同时，要特别注重利用大数据技术加强对微博、微信、论坛等社交领域进行分析，构建社会舆情数据立方体，充分掌握社会舆情动向和公众态度，动态追踪社会热点、舆情监测和预警防范，推动我国社会治理走向数字化。

在各国战略性新兴产业发展的过程中，政府部门通过技术采购杠杆推动技术创新和产业发展已经是常见做法，其中美国更是典型代表。如20世纪60~70年代，集成电路产业发展初期，美国政府采购比例一度达到94%，直到80年代，美国政府的采购比例也超过50%。20世纪90年代初，克林顿上台之初，为扶持计算机产业发展，采购计算机及相关产品高达90亿美元。因此，为支持大数据领域的技术创新和应用创新，我国应在政府部门、国有企业、公用事业等国家单位的信息化应用中，优先采购大数据相关技术和产品，加强电子政务、医疗、教育、能源、交通等其他领域的大数据应用，以政府采购促进我国大数据市场的培育与发展，以公共服务领域推广应用促进大数据与不同行业融合发展。

4. 推动大数据产学研合作

据估计，大数据将给美国带来3000亿~5000亿美元的价值，因此，在某种程度上，大数据在美国已经形成了全体动员的格局。美国政府与企业、科研院校共同协作，形成较为完整的大数据产学研体系，在推动大数据产业发展与应用拓展方面发挥了重要作用。因此，我国应加强大数据产学研体系建设：首先，成立指导大数据发展的专业组织。目前，我国已经成了大数据发展促进委员会、国家大数据专家咨询委、国家大数据创新联盟等组织，为了更好地指导大数据驱动经济高质量发展，更广泛推动大数据应用扩展，应成立更多更具专业指导性的国家组织。其次，鼓励大数据企业与高校、研究所展开大数据相关研究。鼓励国内大型互联网公司通过资助、建立实验室、提供数据资源、组织竞赛等多种形式展开与高校和科研院所合作。一方面，可以推动大数据领域的科研工作，另一方面，可以为科研所培养紧缺的数据人才。再次，政府与企业合作进行大数据相关项目。政府部门应在统计、市政、环保、卫生等领域加强与大数据企业进行合作，一方面，促进大数据技术从战略和规划落向实处，另一方面，也利用新技术新产品提高政府管理效率。最后，政府应加强与高等院校、科研机构合作。

建立大数据平台是实施大数据战略的重要内容，是加快推进大数据产业化、市场化的必要条件。大数据平台可分为政府数据资源开放共享平台和数据交易平台。首先，要按照开放共享的内容范围和相关标准，加快统筹建立完善国家、省、市、县四级政府数据资源开放共享平台，实现政府数据资源互联互通，开放共享。其次，要按照互利共赢、有序推进、互联互通、协调发展的原则统筹布局大数据交易平台。目前我国许多地方政府，已经将大数据作为经济转型的重要手段，纷纷争先建设发展数据交易平台，但平台建设定位不清的情况却令人忧心。对此要特别警惕避免功能定位趋同的大数据交易平台盲目发展，同质化严重以致发生恶性竞争，造成社会资源和社会资本的巨大浪费。

5. 加快推进工业领域大数据应用

德国通过大数据技术加快将生产规律和知识固化到生产流程之中，充分发挥大数据驱动制造业智能化这一关键动力。通过对制造业各环节中的流程数据和绩效数据进行采集、存储和管理，并对产品生产流程进行建模分析。当数据达到一定的量级时，通过数据集成分析帮助制造商改进其生产流程。当前我国制造业在技术上对国外依赖性较大，劳动密集型优势不再明显，柔性制造能力还较为薄弱，因此我国应以大数据为契机，通过范式转移实现中国制造的弯道超越。我国应加快生产流程智能化步伐，通过对生产环节数据的深入挖掘，实现企业产量预测、能耗管理、优化库存、精准营销和社交互动等多种业务，有效提升我国制造业智能化程度。

多源数据的融合是实现大数据与制造业深度融合的必要条件，要实现多源数据融合处理和高度复杂数据关系的挖掘，一个安全、可靠、多方合作的数据空间是必不可少的。可信数据空间是传统制造业转型升级的关键。我国制造业正处于由大变强、由规模扩充到质量追求的关键时期，应充分利用大数据技术驱动，提高产品设计和研发的用户体验感，加速重构企业与客户之间关系，提高企业、市场和用户的互动程度，积极推动制造模式、产业模式、商业模式和服务模式演变。

我国正着力推进供给侧改革，供给侧改革的重点就是提升产品质量。在我国从追求数量向提升质量转变的过程中，应充分利用大数据以提高我国产品质量。应充分利用大数据技术对市场潜在用户需求、产品研发设计、产品生产、产品运维等产品全生命周期全过程数据进行采集，通过对这些数据的整理分析并与市场波动数据紧密结合，不断优化调整产品设计和生产工艺。德国在生产制造方面可以优化改进的空间相对较少，主要集中于流通和商务领域，其中流通领域与大数据结合的一个重要发力点就是促进供应链转型。传统供应链由采购、制造、物流和销售四部分组成，整个过程充满了不确定性，德国积极通过大数据促进供应链转型，降低供应链风险。因此，我国应充分运用大数据采集分析制造企业从订单获取到订单交付全过程相关信息，推动制造企业供应链的不断调整优化，鼓励国内企业充分应用大数据围绕着可追溯性、采购和仓储三个主要孤岛，积极扩充数据源，从外部和在线渠道挖掘历史和实时数据，对产品变化情况实时掌控和动态预测，实现最佳库存水平，并不断优化改进采购策略。

6. 加强公共基础数据整合

发展大数据是一项系统工程，首先需要做的就是夯实大数据发展基础。从硬件基础设施来说，我国应加强数据中心设计、数据传输网络规划、计算存储硬件以及相应的管理软件和运维等方面工作。此外，对于终端用户来说，诸如大数据处理平台系统、深度学习软硬件框架、数据安全方案等一系列帮助其快速满足业务需求的软件平台，也包含在大数据基础设施建设之中。从软件基础设施来说，需要在数据立法、数据开放、支持技术创新等方面开展工作，为我国发展大数据、运用大数据营造一个宽松、安全的外部环境。

公共基础数据是国家大数据产业发展的巨大宝矿，也是大数据应用开展的必备条件。加强公共基础数据整合，一是要加快大数据技术和交易标准的制定工作，为公共数据整合奠定基础。数据标准化是加强公共基础数据整合，提高数据资源有效利用率的前提条件。我国应通过多部门讨论协商，共同研究制定数据采集标准、分级分类标准、数据交换标准、行业交易标准等，进一步完善大数据技术标准和数据交易标准规范。二是要加快各级政府之间的数据交换工作，统筹建设各地区省、市、县三级政府数据交换共享平台。完善交换共享平台的覆盖范围，打通数据资源横向和纵向的流通和交换渠道，推进跨地区、跨部门数据资源共享和业务协同。三是要加速公共数据平台的建设工作，推动国家公共基础数据开放共享进程。我国应制定详细的政府公共数据公开计划，加快建立国家的公共基础数据平台，有序推动公共基础数据面向公众，促进大数据被广泛应用到各行业。

第5章
大数据驱动经济高质量发展的微观案例分析

5.1 大数据驱动农业经济高质量发展案例分析

5.1.1 大数据驱动苹果产业高质量发展

中国是世界苹果产量第一的国家，苹果产量占世界苹果总产量的57%；是世界上最大的苹果消费国，需求量占世界总需求的50%以上；也是世界上最大的苹果出口国，常年保持贸易顺差。

荣耀背后，3~4月开花、4月底5月初结果、5~6月套袋、7~9月上肥、10月采摘——每一颗苹果成熟都经历一番春种秋实。在数月之间，果农需要随时掌握天时，防虫防病，观察供需，合理定价……既愁种也愁销。

大数据的出现，为苹果这一广泛分布在中国山东、辽宁、河北、陕西、山西、河南、甘肃等地的单品种经济作物，铺就了一条全产业链发展之路，也是一条乡村振兴之路。

新西兰有红玫瑰苹果，智利有青苹果，美国有华盛顿金地厘蛇果，法国、波兰有姬娜果，日本有青森世界一号苹果、金星苹果，中国有嘎啦、秦冠、红富士、国光、新疆阿克苏……苹果是世界性的水果，各种植国争夺的是全球市场。对于中国来说，苹果是扶贫兴农、乡村振兴的宝贵单品种；对于全球市场来说，苹果代表着一国生鲜蔬果的竞争力。

近十年来，中国苹果产量及种植面积均呈稳步增长态势，全国产量4388万吨，占世界苹果总产量（7716万吨）的57%，位居世界第一。中国也是世界上最大的苹果消费国以及最大的苹果出口国：2016年出口苹果132.2万吨，常年保持贸易顺差。

北京大学农业大数据研究中心主任吴岚认为，中国苹果产销呈现明显的碎片化，大数据的价值恰恰在于解决碎片化。中国工程院院士赵春江认为，大数据的获取成本高昂，大数据的采集和建设一定要坚持应用需求导向。

为科技兴农以及保持竞争力，苹果单品种率先引入了大数据应用，大数据协助中国由"苹果大国"稳步升级为"苹果强国"。通过苹果单品种大数据应用撬动苹果产业创新，推动实施乡村振兴，顺应大数据产业革命和传统产业转型升级的大趋势。

当前我国苹果产业存在的主要问题是增产不增效、增效不增收，缺乏对市场的响应，资源环境问题日益突出。基于深入研究开发，九次方大数据受国家农业部委托建设苹果大数据平台，以期为苹果产业合理规划和营销渠道拓展提供决策支持，维护果农切身利益，稳定价格市场，促进产业健康发展。

该苹果单品种大数据平台，立足于国家农业部门已经积累了20年的苹果产量和面积数据、成本收益收据、20年的苹果全国各地批发市场苹果交易数据、苹果进出口贸易量数据和贸易价格数据、全国各省市苹果零售价格数据、气象数据以及九次方大数据采集的在线苹果电商数据，基于全产业链，深化苹果大数据在苹果生产、加工、贸易、市场流通、消费等产业环节的应用，更好地服务政府部门决策和市场主体生产经营决策。

苹果单品种大数据平台具备六大功能：

（1）平台凭借在线数据挖掘和产业形势分析，预测预报苹果市场动向，提出优质苹果品种结构与区域布局的建议及对策，帮助相关部门优化苹果种植布局，促进其向优势产地集中。

（2）平台建立了苹果气象灾害预测预警及灾害评估模型，为农民提供及时精准的气象灾害预警服务，降低农民的种植风险，同时为产量预估、价格预测提供数据支持。

（3）平台通过地方试点监测苹果产销数据，建立供需平衡和产销结构数据体系，为产业从业者提供决策支持，避免出现各大产区苹果扎堆上市、恶性竞争的现象。

（4）平台通过对消费数据的采集挖掘，可以为苹果销售者提供消费者画像、精准营销、及差异化定价的决策支持。通过对不同销区消费群体的分析，科学划分与准确把握不同消费群体对苹果品种、等级、大小、价位、口感、甜度等的不同需求特点与特征，做到供需之间的适销对路和市场营销的有的放矢。

（5）平台助力组建苹果大数据产业联盟，通过整合全产业链生产和经营主体、政府监管部门、科研院所等资源，融合产业数据，最终为产业链主体提供服务，实现大数据成果开放共享机制。

（6）平台以苹果为切入点，形成可复制、可推广、可持续的单品种大数据应用模式，推进大数据在农业生产、经营、管理、服务等各环节、各领域的应用，在引导市场预期和指导农业生产中发挥重要作用。

国家农业部种植业管理司副司长杨礼胜曾对外表示，对农业大数据的运用，是破解农业发展难题和实现农业现代化发展的重要途径。加快推进苹果产业的发展，需要充分利用现代科技方法推进大数据和苹果产业的结合。

5.1.2 大数据驱动德国"数字农业"发展

德国农民联合会的统计数据显示，目前一个德国农民可以养活 144 个人，这一数字是 1980 年的 3 倍。但要想临时解决全球饥饿问题，每个农民需要至少养活 200 人。这就需要更加高效、可持续的农业新技术。目前，德国正致力于发展更高水平的数字农业。

"数字农业"基本理念与"工业4.0"并无二致。通过大数据和云技术的应用，一块田地的天气、土壤、降水、温度、地理位置等数据上传到云端，云平台上进行处理，然后将处理好的数据发送到智能化的大型农业机械上，指挥它进行精细作业。

德国在开发农业技术上投入大量资金，并由大型企业牵头研发"数字农业"技术。据德国机械和设备制造联合会的统计，德国去年在农业技术方面的投入为54亿欧元。今年的汉诺威消费电子、信息及通信博览会上，德国软件供应商SAP公司推出了"数字农业"解决方案。该方案能在电脑上实时显示多种生产信息，如某块土地上种植何种作物、作物接受光照强度如何、土壤中水分和肥料分布情况，农民可据此优化生产，实现增产增收。

拥有百年历史的德国农业机械制造商科乐收集团（CLAAS）与德国电信开展合作，借助"工业4.0"技术实现收割过程的全面自动化。利用传感器技术加强机器之间的交流，使用第四代移动通信技术作为交流通道，使用云技术保证数据准确，并通过大数据技术进行数据分析。

德国电信2年前推出了数字化奶牛养殖监控技术。农民购买温度计和传感器等设备在养殖场装置，这些设备可以监控奶牛何时受孕、何时产仔等信息，而且可以自动将监控信息以短信形式发送到养殖户的手机上。

现代德国农民的工作离不开电脑和网络的支持。每天早上一开始的工作就是检查当天天气信息、查询粮食市价和查收电子邮件。现在大型农业机械都是由全球卫星定位系统（GPS导航系统）控制。农民只需要切换到GPS导航模式，卫星数据便能让农业机械精确作业，误差可以控制在几厘米之内。

信息通信技术的发展也让农民的工作更加高效便利。柏林的一家名为"365Farm Net"初创企业为小型农场主提供了一套包括种植、饲养和经营在内的全程服务软件。该软件可以提供详细的土地信息、种植和饲养规划、实时监控以及经营咨询等服务；而且通过该软件可以方便地与企业的合作伙伴取得联系，以便及时获取相应的服务协助。

5.2 大数据驱动工业经济高质量发展案例分析

5.2.1 大数据驱动制造业流程升级

中国具有强盛的制造业，如果利用大数据把制造业的效率提高 10%，那么创造的利润非同小可。在美国，奥巴马时期就提出了智能制造的战略，欧洲老牌制造强国德国一直在提倡"工业 4.0"，新加坡也有明确的规定国家 GDP 必须有 15%~20% 的贡献是来自于制造业。

没有制造业，一个国家就丧失了生存之本。

回顾起来，制造业的发展大概经历了四次工业革命。

第一次工业革命发生于 18 世纪 60 年代，主要以蒸汽技术为代表的工业 1.0 时代；

第二次工业革命是在 19 世纪 50 年代，以电力为主要能源的工业 2.0 时代；

第三次是 20 世纪 50 年代，以计算机技术为代表，把计算机技术应用到工业控制中的工业 3.0 时代；

最后一次就是当今以智能和互联网为代表的第四次工业革命即工业 4.0 时代。

这次工业革命对制造业来说非比寻常，它意味着智能工厂时代的全面来临。什么是智能工厂？在每个工厂的每个车间的每个机台上都安装有很多传感器，不断地采集数据，并对数据进行分析，从而优化生产线，降低成本。这个数据量有多大？制造业有一项技术叫自动光学检测（AOI），每个零部件生产出来后都会被拍照检验质量的好坏。倘若按每分钟收集一张 1M 像素的图片来估算，一台机器一天产生的数据就是 1.5G。每个工厂有 N

第 5 章 大数据驱动经济高质量发展的微观案例分析

多个机台,N 多个传感器,总的数据量可想而知。

大数据提升制造流程的四大应用:

这么多数据能拿来做什么?第一个应用就是调度优化。

在智能车间里,机台与机台之间的产品传递主要靠机械手臂来完成,而车间与车间之间的产品传递则是通过传动带来完成。所谓调度优化就是通过数据分析,了解每个产品在每个机台上需要处理的时间,然后决定出把某个产品送到哪个机台去处理的最优解决方案。这个事情看起来容易,操作起来却很难,正如车辆在路上突然抛锚造成交通拥堵一样,如果一个机台出了问题,就会扰乱整个调度的优化方案,更糟的是如果发现某个产品不合格,就需要被重新发配到某个机台重新处理,那么就会导致整个调度非常复杂,处理不好就会造成"拥堵",甚至停工。

大数据的第二个应用就是设备监控。产品制造分许多步骤,如果第一道工序出了故障没有立刻发现,等生产出来之后经检测时才发现,那就意味着这段时间里生产的全部产品都要报废。这是个很严重的问题。设备监控就是在每个机台上都安置多个传感器来监测设备是否有故障。美国有个大型制造企业,曾经成品率总是提不上去,经多方查找后才发现,原来是一个机台在清理时出了问题,早班清洁工是从上往下清理,晚班清洁工是从下往上清理,就是这样一个个小小的瑕疵就会对整个生产线造成几百万甚至几千万美金的损失。

第三个应用就是虚拟测试。在制造业中,测试占整个制造成本的 25%~50%,怎么用大数据降低测试成本?最根本的一点就是利用数据的相关性,也就是用数据去分析不同的数据量之间是否相关,如果存在相关就可以用一个数据量去估计另一个数据量。

这里有两个例子,一个是空间的相关性。在集成电路制造中,一块硅片包含很多芯片,传统的方法是每个芯片都要去测试,如果把整块硅片看作是一幅图像,那么不同的像素对应不同的芯片,像素点之间是有相关性的,可以通过测试少数几个像素点的值,利用统计方法来估值另外的像素点,从而大大减少测试量。

另一个例子是给金属块钻孔。钻孔是否平整？是不是圆形？在制造业上是一个非常昂贵的测试过程。通过在钻孔机上安装各种非常廉价的传感器，包括震动传感器、声音传感器、压力传感器等，用这些传感器的测试值去创建一个模型，然后预估钻孔的平整度和质量状况，从而节省很大一笔成本。

第四个应用是故障追踪。监控生产线中产品的制造过程，发现故障的根源。故障可能是某一个机台，可能是某一种原材料，也可能是某一位操作员。

大数据分析在制造业应用有两大技术难点：第一个就是数据变异性，不同机台，在不同时间、不同环境下的数据具有不同的统计特性，也就是说，在这个机台上采集的数据不可能直接拿来去用于另一个机台的建模。当你把采集到的数据分配到每个机台、每个时间点、每个不同的环境条件下去做分析的时候，你会发现数据量其实并不大，甚至很小。另外一个难点是工艺的变化。制造工艺随时间在不断演变，同样一个产品，今年制造出来的测试结果和明年制造出来的测试结果完全不同，因为产线在不断变化，这是大数据分析的一个软肋。由于分析的数据都是历史数据，所以大数据分析实际上就是两步，第一步记录历史数据，第二步根据这些历史数据去预测未来。如果由于工艺变化导致未来和历史是不一致的，那么大数据分析的最根本假设就已经不成立了。这也是大数据分析的一个痛点所在。

5.2.2 大数据驱动新能源车高质量发展

2018年我国汽车产业整体出现下滑现象，在这个大趋势下，新能源汽车仍在持续增长，2018年1~9月新能源汽车销量72万辆，同比增长81%，到2018年年底将超过100万辆。有位专家提到大数据的本质体现在数据挖掘深度和应用的广度上。未来，信息化和工业化的融合将是发展趋势，新能源汽车和大数据融合是信息化和工业化深度融合的典范。因此，新能源汽车大融合是大势所趋，基于大数据的新能源汽车将是我国汽车产业转型升级的重要战略方向。

有一个初步判断，我国新能源汽车年产销将达到100万辆，我个人认为新能源汽车已经迈入了全链条数据融合的产业数字化阶段。从车辆本身的设计、生产、销售、售后以及报废处理过程中产生大量的数据，尤其是在车辆使用过程中产生了大量的运行数据，将这些数据汇集形成了数据平台将驱动新能源车高质量发展。

1. 新能源汽车的数字化发展

产业数字化带来汽车产业三纵三横价值体系提升，三纵是厂商、经销商和消费者。厂商在使用过程中根据数据改进车辆设计，使产品进一步优化，经销商利用厂商提供车辆的技术数据，分析使用者的行为习惯和消费特征，精准营销。使用者、消费者是数据的制造者，在车辆应用过程中产生了大量的车辆使用数据和使用习惯数据，这些数据为经销商服务，也为个人服务。通过这些数据汇集，厂商和经销商改进了产品和售后，为高效的车辆应用提供服务。产业数字化对厂商、经销商、消费者带来了全面价值的提升。产业数字化为促进电动化、智能化、网联化、共享化提供了基础数据条件。

2. 新能源汽车车联网平台关键技术

通信高并发关键技术。现在平台已经有130多万的车辆数据，在这种情况下必须要考虑满足千万辆级数据并发的需求。通信高并发关键技术的需求，大于现在能够想象的任何一个工业互联网数据并发的需求。

信息传输通信安全技术。团队基于安全传输层协议与国家商用密码标准算法进行数据加密，保障数据传输的安全性和数据访问的高效性。

大数据压缩存储和快速检索技术。目前，全国新的汽车大概有230万辆，在云平台上每天产生的数据约为2个T，面对这样庞大且不断增长的数据量，对数据压缩、存储和对外快速检测也是一个核心关键技术。

高效云计算服务技术。数据汇集之后，如何实现数据有效的调度管理、协同计算，给需要的用户提供高效的服务，是云计算服务器要完成的工作。

数据真实性和有效性检测技术。对新能源汽车数据的无效、异常、缺失等参数特征化建模，建立新能源汽车数据真实性和有效检测体系。

数据可视化技术。基于数据流线化、任务并行化、管道并行化和数据并行化等技术实现大规模的数据并行可视化。

3. 新能源汽车车联网平台大数据

截至 2018 年 10 月，新能源汽车国家监管平台目前接入车辆超过 130 万辆，预计 2018 年底接入 200 万辆，2020 年接入会超过 500 万辆。明年 8 月 1 日开始，所有的动力电池从生产到报废，会把数据传到这个平台。现在该平台对政府端、企业端、一般用户端提供相应的支持和服务。

节能减排分析。平台通过车辆应用做出来充电热力图，将电流和电压相乘得到电池充电的功率，可以绘制出一个城市、一个区域、一个省份的充电热力图，将热力图每日数据进行叠加，可以看到城市电动汽车应用的变化。百度、高德地图已经可以描述出城市的充电站位置信息，将数据叠加上去以后就可以进行有效充电引导。

里程核算与运行效果评估。针对新能源汽车，进行里程的核算和统计（补贴核算的依据），并执行车辆全寿命的信息追溯与评估。

运行统计与分析。从车辆运营分析的报告中得到车辆应用特征，把这些特征提供给政府，为宏观决策进行服务。

整车性能评估。通过这些数据对电池信息、零部件状态信息及车辆的故障进行分析，对车辆的性能进行评估，对能耗特征进行分析，通过这些数据以提高车辆的配置水平，优化车辆配置，提高车辆品质。

实时故障监控与保障。建立预警模型是车联网平台大数据主要的功能之一，通过车辆大数据电池、电压、电量等变化数据对预警信息进行分析，建立一系列的模型，以期这些模型能于明年年初在平台上进行应用。

运营企业的数据价值挖掘。基于取得的数据信息，对能耗特征与驾驶员的行为进行相应分析，为高效驾驶、提高运营效率提供相应服务。

车辆残值评估。基于动力电池等核心部件健康评估模型，结合车辆静态评估，建立新能源汽车残余价值评估体系。

驾驶行为与能耗分析。对于单个用户来看，根据使用数据对驾驶特征进行多特征值分析,可以提供改善驾驶习惯和驾驶风格的建议。

5.3 大数据驱动服务业经济高质量发展案例分析

5.3.1 大数据驱动银行业高质量发展

银行业是受大数据影响最深的行业之一,也是与大数据较早展开融合的行业之一。一方面,银行业在业务开展过程中,积累了大量客户个人信息、交易信息、资产信息等非常优质的数据,通过大数据技术挖掘和分析这些银行数据能产生更大的商业价值,另一方面,企业发展大数据技术是个高投入过程,而银行业拥有充足的资本采用大数据技术和引进大数据人才。以中国工商银行为例,从2000年开始工行启动全行数据仓库体系建设,2007年已经建立了以企业级数据仓库为基础的结构化数据的采集、存储和应用体系。目前工行数据仓库数据已覆盖行内对公、个人、银行卡、电子银行、金融市场、风险管理、经营分析、综合化等业务线,在地域上覆盖了境内外系统的全部机构地区,并逐步纳入工商注册信息、证券价格等外部数据,积累了海量的数据资源。因此,本节以工行为案例,分析大数据驱动银行业高质量发展。

1. 优化业务流程

传统银行业务的突出问题是程序繁杂、流程不畅、效率低下等,大数据技术可以高效处理海量繁杂的银行业务,银行业可以利用大数据对众多具体运营数据进行深入分析,不断优化运营细节和创新服务模式,改进业务处理流程并重塑业务规则,缩短服务时间,提高决策效率,提高整个服务的自动化程度。工行的做法包括:一是构建全行统一标准的云服务平台,为全行信息的集中、整合、挖掘、共享奠定基础,为全行经营转型提供决策支撑;二是通过大数据处理技术,运用大数据可视化图形工具,使用户直观地了解业务发展趋势、业绩构成,快速进行经营诊断;通过多维联动钻取技术,将机构、网点、产品、员工、客户、渠道等不同维度的指标有机串联在一起,形成具有血缘分析特点的视图,支持用户实现从全局到细节的循因分析;三是开发应用新的绩效考核系统,借助大数据"聚类"、"分类"等分析方法,结合分行管理经验,建立指标分析及挖掘模型,从机构、部门、产品、客户和员工五个维度构建起完整的绩效评价体系,激发了经营活力和价值创造力。

2. 驱动银行业务增长

银行业传统业务增长路径是大规模利差,进入大数据时代,这一路径不得不进行改变。数据是新的生产资料,坐拥海量数据的银行一方面可以利用数据提高核心业务水平,以更强的洞察力和更精准的营销更好的服务客户,提升用户黏性;另一方面,也可以把数据变成更加丰富的差异化金融产品和金融服务,促进银行业从规模经济向范围经济转型,创造更多增值业务,驱动银行业务增长。工行利用大数据技术,通过对客户基本特征及消费行为特征的深入挖掘,改变过去"撒网式"、"跑楼式"营销方法,大幅提升营销成功率。以 2014 年为例,工行通过智能营销信息服务管理系统成功营销 537.84 万目标客户交叉购买理财产品、商友卡、电子银行等重点产品,总体营销成功率达到 25.29%,在客户拓展、交叉销售和客户关怀等领域取得了较好的效果和带动作用,在增加收入、降低成本、提高效率、规避风险等方面累计创造综合效益 20 亿元。

3. 支持银行金融产品和服务创新

金融产品和服务创新是银行业保持竞争优势的重要手段。在大数据背景下,银行业有能力挖掘不同客户的产品和服务偏好并根据其风险承受能力,设计出更符合客户需求的投资、理财、融资、消费等多种金融产品和服务。工行凭借大数据挖掘客户真实需求,精确对目标客户展开营销,预先夺取市场先机。借助大数据的支持,工行在行业率先推出自助信用贷款产品"逸贷"——持有工行借记卡、信用卡持卡人在工行特约商户刷卡消费或网上购物时,无须办理抵押和提交贷款资料,即可自动办理贷款,资金即时到账。同时,工行还推出小微商户逸贷、网贷通等融资产品,通过大数据技术实现高效审批和有效的风险控制,使得用户产品体验进一步提升,有效提高市场竞争力。结合互联网金融、大数据分析等技术,工行启动了个人小额信用消费贷款产品的设计和研发工作。大数据助推银行业开发金融产品和服务还包括:通过大数据分析目标客户快速核定贷款限额;加强客户自助申请流程效率;动态监测个人小额信用消费贷款的发放情况。

4. 提高银行风险管控能力

银行信息化在提高银行效率的同时,也给银行发展带来了前所未有的风险。在互联网时代,银行、企业、个人以及中介机构之间的交互与联系更为密切,局部风险容易扩展成系统性风险,银行业面临的挑战和风险日益增加,传统的风险管理框架在互联网时代显得缺少前瞻和预测能力。大数据技术在银行信用风险管理上的广泛应用,可以逐步建立以大数据分析替代个人判断的新型信用风险模式,重组与再造银行信用风险管理架构,为企业和客户提供全面深入的信用风险分析。工行通过大数据挖掘技术,建立信贷风险监控中心,集成行内外信息资源,形成了对全部信贷经营机构、全部信贷客户、全部信贷产品的实时监测分析和预警控制网络,全面提高信贷管理水平。以"一线放开、二线管住"为目标,凭借海量数据资源积累优势,建立了交易反欺诈体系,以金融内外部的数据资源为基础,经过精准智能模型分析,辅以计算机集群技术,大幅提升了欺诈交易的识别率,并可实时干预欺诈交易。

5.3.2 大数据驱动物流运输业高质量发展

当前,伴随我国电子商务市场的迅猛发展,物流业正在从传统物流逐步向现代物流转型。在信息技术的渗透影响下,物流运输在包装、装货、运输、物流加工、卸载、仓储等环节生成大量数据,强化资源整合和物流全过程数据化是现代物流的明显特征。货车帮作为大数据企业代表,以降低公路货运市场信息不对称、实现最优车货匹配为目标,为公路货运市场提供了一个创新的协调组织机制。即通过互联网平台连接"空车"和货源,运用货运大数据对市场供需做精准把握,并用数学模型优化市场引导措施,从而实现最优资源配置和供需平衡。截至 2018 年 3 月,货车帮平台拥有诚信司机会员 520 万人,诚信货主会员 125 万人,形成了一张覆盖全国的公路物流信息网络。因此,本节以货车帮为案例,分析大数据驱动物流运输业高质量发展。

1. 创新物流信息新业态

长期以来,我国社会物流总费用一直居高不下,据估计我国物流费用占 GDP 比重约是美国的两倍。其中,主要原因除了产业结构、流通效率问题外,最大的原因是我国公路物流领域的信息不对称问题较为严重。公路物流的信息不对称造成市场的供需不匹配严重,集中体现在司机找货难、货主找车难的"双难"上,而这一问题的根源是我国 85% 以上的大型货车都是个体户经营,近 700 万辆大、中型货车空载率高达约 40%,时间被大量消耗在搜寻货物和搜寻车辆上。货车帮通过打造开放、透明、诚信的货运大数据平台,有效解决了物流信息不对称这一痛点。货车帮通过推广手机终端 APP 搜集大量物流参与者的数据,整理形成信息资源,通过互联网交互传递以提供物流服务的平台,有效使得将"车找货、货找车"过程实现互联网化,搭建起中国第一张覆盖全国货源信息平台,对降低我国公路物流运输成本发挥了重要作用。

2. 科学运输路线规划

伴随我国电子商务的迅猛发展,对货物配送时效、配载效率、能耗效率的要求也越来越高,在最短时间、最短路线、最低能耗的约束下实现最大配载量是物流运输路线规划的重要发展方向。货车帮利用机器学习、人工智能等先进的技术手段,对平台积累的运输路线数据进行清洗、挖掘和分析,通过精准的智能匹配算法、完善的用户画像体系和高效的数据分析平台,极大提升了司机的响应速度及匹配效率。同时,货车帮通过对用户行为、征信数据、GPS 数据等大数据进行分析,建立货运交通"天网"系统,实时监控货物运输、规划运输线路以及道路动态预警等服务,让司机能够即时掌握最佳路线规划。

3. 打造智慧物流园

当前国内物流园区普遍存在资源分散、能源浪费、运营手段滞后、管理方式不科学等问题，大数据的崛起对传统物流园区的经营理念和管理方式提出了全新挑战。判断物流园区"智慧"程度的重要指标是园区管理系统的智能决策程度，大数据技术基于海量经验数据可以有力提高园区的智能决策水平。货车帮通过自建和联建的方式，打造智慧物流示范园区，为区域物流产业发展提供新动能、新活力和新模式。一方面，货车帮在传统物流园区基础上，通过互联网手段将它们连在一起，通过大数据分析平台提供精准车货匹配信息，有效降低了物流成本，提高了司机和物流园区的生产效率，为各地传统的物流园注入新鲜血液，带来技术的创新和品牌认知度的提升，成为当地"互联网+"物流园的范本。另一方面，通过建立呼叫中心、信息展示大厅、货车综合服务区、货车司机生活服务区为一体的物流数字港，对传统的物流地产模式产生了极大冲击，打破过去园区信息闭塞困境，打通线上、线下信息服务及货车服务，极大地减少了物流园区车辆、人员高度集中而造成的交通压力、噪声污染、垃圾堆放以及治安问题的发生，使物流园区成为城市有机和谐的组成部分，为国内物流园区的发展模式提供了一个良性示范。

4. 开发物流金融

由于物流行业"短、小、频、急"的交易实际，货车运营中资金周转不灵是常见现象，由于难以开具稳定收入、固定工资等财务证明，货车司机往往很难享受到银行的贷款等金融服务。针对货车司机的金融服务"痛点"，货车帮开发物流金融：一是利用大数据优势建立行业诚信体系。2016年11月，货车帮与国家发改委签订了加强信用信息共享共用和推进公路货运领域信用建设的合作备忘录，成为国内货运领域信用体系建设首家试点单位，将在建立信用信息共享机制、加快联合奖惩措施在公路货运领域的落地应用等方面开展合作。二是利用大数据建立ETC白条。货车帮基于平台司机行为数据、行驶数据、ETC充值/消费数据等大数据分析建立了场景化的风控体系，与金融机构合作开展了小额信贷业务——ETC白条，对司机在一个周期中的运营数据划分信用等级发放贷款,有效缓解了货车司机资金短缺的问题,将普惠金融落实到物流人群中。三是利用大数据分析推出针对货车和司机的多种保险。货车帮与太平洋保险、华泰保险、众安保险、中国人寿保险等知名保险公司强强联手,陆续推出针对货主和司机的多种保险产品,致力于解决公路货运物流中长期存在的货物损失、运费损失以及人身意外伤害等问题。

第 6 章
大数据驱动经济高质量发展相关政策评述

近年来,美、英、法、澳、日等主要发达国家纷纷出台促进本国大数据发展的战略规划和政策举措,以此作为创新本国管理方式、推动经济社会发展和提升国家竞争力的重要推手。为了抓住大数据发展战略的历史机遇期,加快我国大数据产业发展步伐,中央到地方各级政府制定了一系列与数据产业发展相关的规划与纲要文件,出台了多种促进大数据发展的政策措施。目前,这些政策措施在实践中已初显成效,大数据产业发展呈现出一个强劲的发展态势。政策引导产业发展,产业发展实践又反过来检验政策。正是基于这样的认识,本书拟就对 2012~2018 年中央和地方政府对促进数据产业发展的相关政策进行了梳理,并予以简要评述,旨在为进一步建设完善数据产业政策体系,提高数据产业政策的实践效果提供有益参考。

6.1 中央及国务院出台的数据产业相关政策

在全球大数据发展的背景下,与国外大数据先行国家相比,我国数据产业发展起步相对较晚。但是近年来,为了抢占数据产业的战略制高点,以重塑国家竞争力,中央陆续出台了一系列涉及大数据的相关政策性文件,对推动我国数据产业发展发挥了一定的积极作用。根据数据产业相关政策性文件颁布的时间序列整理归纳如下，见表6-1。

表6-1 中央及国务院出台的促进大数据发展的相关政策文件

发布时间	发布单位	文件名称	涉及大数据的主要内容
2012年7月	国务院	《"十二五"国家战略性新兴产业发展规划》	《规划》中没有明确提到大数据概念，只是在"高端软件和新兴信息服务产业"部分提及了"海量数据处理相关软件"这一与大数据相关的概念
2013年8月	国务院	《"宽带中国"战略及实施方案》	《方案》没有明确提及大数据，仅是在"重点任务"部分零散地涉及"统筹互联网数据中心建设"、"大规模资源管理调度和数据处理"以及"推动海量数据管理系统的成熟与产业化"等与大数据发展相关的内容
2014年3月	国务院	《2014年政府工作报告》	《报告》只是在"2014年重点工作"部分阐述"以创新支撑和引领经济结构优化升级"这第六项举措时，顺带提及了"大数据"一词
2014年3月	中共中央、国务院	《国家新型城镇化规划（2014~2020年）》	《规划》在第18章"推动新型城市建设"中将"推进智慧城市建设"作为其中一节，涉及大数据的内容只有"推动物联网、云计算、大数据等新一代信息技术创新应用，实现与城市经济社会发展深度融合"这一句话
2015年1月	国务院	《关于促进云计算创新发展 培育信息产业新业态的意见》	《意见》中零散地提及了"数据资源、数据中心、数据隐私保护、大数据挖掘分析、公共数据开放、数据存储和管理、大数据服务模式、数据安全"等大量概念，"大数据开发和利用"只是作为该意见中6大主要任务之一加以介绍
2015年5月	国务院	《中国制造2025》	该文件涉及的大数据相关内容只有"工业大数据处理软件是新一代信息技术的重要内容"、"大数据在智能制造方面的应用"以及"工业大数据创新应用试点、工业大数据平台"等零散几句话

第6章 大数据驱动经济高质量发展相关政策评述

续表

发布时间	发布单位	文件名称	涉及大数据的主要内容
2015年6月	国务院	《关于运用大数据加强对市场主体服务和监管的若干意见》	《意见》主要内容可概括为"四目标、六意见": (1) 四个目标:①提高大数据运用能力,增强政府服务和监管的有效性;②推动简政放权和政府职能转变,促进市场主体依法诚信经营;③提高政府服务水平和监管效率,降低服务和监管成本;④政府监管和社会监督有机结合,构建全方位的市场监管体系。 (2) 六项意见:运用大数据提高为市场主体服务水平、运用大数据加强和改进市场监管、推动政府和社会信息资源开放共享、提高政府运用大数据的能力、积极培育和发展社会化征信服务、健全保障措施和加强组织领导。围绕"六意见"具体又细分为34条建议。——根据《关于运用大数据加强对市场主体服务和监管的若干意见》整理
2015年7月	国务院	《关于积极推进"互联网+"行动的指导意见》	《指导意见》只是在"重点行动"和"保障支撑"两部分中穿插介绍了大数据的有关内容。其中"重点行动"部分提及的是大数据在"协同制造、现代农业、智慧能源、普惠金融、益民服务、高效物流、电子商务、便捷交通、绿色生态、人工智能"等社会各领域的应用;"保障支撑"部分提及的是"大数据平台应用基础、大数据解决方案、大数据战略、大数据分析"等内容
2015年8月	国务院	《促进大数据发展行动纲要》	《纲要》是我国正式出台的第一份国家层面的数据产业发展顶层设计文件,其主要内容可概括为"一个总目标、三大任务、七条措施、十项工程": (1) 一个总目标:社会治理新模式、经济运行新机制、民生服务新体系、创新驱动新格局、产业发展新生态。 (2) 三大任务:①加快政府数据开放共享,推动资源整合,提升治理能力;②推动产业创新发展,培育新兴业态,助力经济转型;③强化安全保障,提高管理水平,促进健康发展。 (3) 七条措施:组织实施机制、法规制度建设、市场发展机

续表

发布时间	发布单位	文件名称	涉及大数据的主要内容
			制、标准规范体系、财政金融支持、专业人才培养、国际交流合作。 （4）十项工程：政府数据资源共享开放、国家大数据资源统筹发展、政府治理、公共服务、工业和新兴产业、现代农业、万众创新、大数据关键技术及产品研发与产业化、大数据产业支撑能力提升、网络和大数据安全保障等工程。
2015年11月	中共中央	《关于制定国民经济和社会发展第十三个五年规划的建议》	《建议》中提及的大数据内容只有"实施国家大数据战略，推进数据资源开放共享"和"运用大数据技术，提高经济运行信息及时性和准确性"这两句话
2015年12月	国务院	《关于新形势下加快知识产权强国建设的若干意见》	《意见》中涉及大数据的内容仅有"运用大数据、云计算、物联网等信息技术，加强在线创意、研发成果的知识产权保护，提升预警防范能力"、"加强互联网、电子商务、大数据等领域的知识产权保护规则研究，推动完善相关法律法规"以及"推进专利数据信息资源开放共享，增强大数据运用能力"这三句论述
2016年3月	中共中央	《中华人民共和国国民经济和社会发展第十三个五年规划纲要》	《纲要》第二十七章明确提出实施国家大数据战略，从"加快政府数据开放共享"和"促进大数据产业健康发展"两个角度分两节加以论述
2016年4月	国务院	《推进"互联网+政务服务"开展信息惠民试点实施方案》	《方案》中涉及大数据的内容全部围绕大数据应用展开，如"运用'互联网+'思维和大数据手段，做好政务服务个性化精准推送"、"以大数据创新网络服务模式"、"形成为群众服务的大数据资源体系"、"运用大数据技术，开展跨领域、跨渠道的综合分析"等
2016年4月	国务院	《关于深入实施"互联网+流通"行动计划的意见》	《意见》涉及大数据的内容只有"利用大数据、云计算等技术优化逆向物流网点布局"一句话

从上述党中央、国务院顶层设计层面上颁布的政策文件可以看出这样两个特点：

（1）对大数据的认识逐步深化。"大数据"（Big Data）是一个舶来词，在我国早先的数据或者信息处理研究中并没有出现，一般更常用的是"海量数据""规模化数据"等术语，对"大数据"的概念和内涵认识比较模糊和狭隘。在发展之初，大数据只是作为一种信息处理技术为人们所关注，国家出台的政策文件也只是围绕着促进这项新技术的研究与开发来进行，很少涉及大数据的商业模式创新和数据产业发展问题。随着社会各界对大数据认识和研究的深化，数据资源蕴含的巨大价值被逐渐挖掘出来，尤其是大数据在经济社会领域的商用价值得到广泛认可，大数据逐渐演化为经济社会不可或缺的一种要素资源、一种商业模式，甚至一种新的产业形态。正是基于对大数据价值和意义深入认识，国家才在2015年将大数据发展上升为国家战略来抓，出台了《促进大数据发展行动纲要》，并积极研究制定大数据产业发展规划。

（2）大数据政策体系不断完善。国家层面出台的专门针对数据产业发展的政策文件经历了一个从无到有的过程。2015年以前，中央政府并没有制定出专门针对大数据发展的政策文件，有关大数据发展的政策措施只是以"碎片化"的条文形式散见于各种政策文件中，如《国家新型城镇化规划（2014~2020年）》《关于促进云计算创新发展 培育信息产业新业态的意见》等。到2015年8月，国务院发布《促进大数据发展行动纲要》，我国才出现专门针对数据产业发展的纲要文件，成为我国大数据发展的第一份顶层设计式文件，从国家发展战略层面上部署了大数据发展的行动规划。

6.2 有关部委出台的数据产业相关政策

为了推动大数据发展，国家有关部委在中央及国务院相关政策文件精神的指导下,积极在各自的职权范围内出台数据产业促进措施,将国家顶层设计进一步落到实处。如工信部、发改委、科技部、自然科学基金委等部门纷纷通过研究基金、技术立项等对大数据技术研发、应用示范、服务推广进行支持。详见表6-2。

表6-2 国家有关部委出台的涉及大数据发展的相关政策

发布单位	发布时间	政策/项目名称	涉及大数据的主要内容
发改委、工信部、财政部、科技部	2014年6月	云计算工程	该项目以云计算为实施主体,涉及大数据的内容只是零散地分布在如下几部分:①在"总体思路"中提及"支持云计算和大数据关键技术研发";②在"专项目标"中提及"突破大数据管理与分析关键技术,形成一批满足市场需求的云计算和大数据处理系统解决方案,提升大数据应用水平";③在"支持内容"中提及"基于云计算平台的大数据服务、云计算和大数据解决方案研发及推广项目"等内容
工信部	2011年11月	《物联网"十二五"发展规划》	《规划》没有明确提及大数据概念,只是在文件的"面临形势"部分提到"海量数据处理以及综合集成";在"主要任务"部分零散提及"数据挖掘""数据格式""数据存储"以及"数据库"等概念;在"重点工程"部分论及"海量数据存储"和"数据挖掘"以及"数据信息安全标准"等概念
工信部	2013年1月	《关于数据中心建设布局的指导意见》	《意见》的主要内容可概括为"五项基本原则、四个布局导向、五大保障措施",具体来说:①五项原则:市场需求导向、资源环境优先、区域统筹协调、多方要素兼顾、发展与安全并重。②四个导向:超大型数据中心、大数据中心、中小型数据中心、已建数据中心。③五大措施:强化政策引导、加强应用引领、夯实网络能力、落实安全保障、发挥示范作用

续表

发布单位	发布时间	政策/项目名称	涉及大数据的主要内容
工信部	2013年9月	《信息化和工业化深度融合专项行动计划（2013~2018年）》	《计划》只是零星地提及了大数据相关内容，比如在"总体目标"部分提到"大数据等新技术新应用驱动的新型生产性服务业蓬勃发展"；在"行动内容部分"将"促进工业大数据集成应用"作为行动内容之一
	2014年4月	电子信息产业发展基金	《项目指南》中涉及大数据的内容只在"软件和信息技术服务"部分提到，具体来说有三个项目：①终端与数据安全防护产品的研发和产业化；②基于安全可靠架构的数据中心运营管理系统研究；③大数据管理系统及数据分析平台研发与产业化
	2016年3月	《加强信息共享促进产融合作行动方案》	《方案》提及大数据相关内容的只有"充分利用大数据、云计算等信息技术手段"这一句话
	2016年3月	《两化深度融合创新推进2016专项行动实施方案》	《方案》只是零星的提及大数据相关概念，如在"主要目标"部分提到"工业大数据"，在"重点工作及分工"部分提到"大数据服务平台"
科技部	2013年2月	国家重点基础研究发展计划和重大科学研究计划（973计划）	《973计划》的"信息科学领域"部分明确将"大数据计算的基础研究"列为2014年重要支持方向
	2014年2月	国家高技术研究发展计划（863计划）	《863计划》明确将"大数据"列为"信息技术领域"部分重要的项目申请内容，主要包括：①面向大数据的内存计算关键技术与系统；②基于大数据的类人智能关键技术与系统；③基于内存计算的数据管理系统研究与开发。另外其他研究领域也零散地涉及大数据相关内容，如在"生物和医药技术领域"部分提及"生物大数据开发与利用关键技术研究"，下设五个研究方向。在"先进制造技术领域"部分提及"制造企业大数据智能分析与决策技术""大数据

续表

发布单位	发布时间	政策/项目名称	涉及大数据的主要内容
科技部			的用户行为分析技术、个性化推送服务技术"等内容。在"先进能源技术领域"部分提及"电力大数据及其应用技术"。在"地球观测与导航技术领域"部分提及"时空大数据的分布式存储管理、动态制图与可视化、分析与知识挖掘、高性能访问、大数据搜索"等概念。——根据《国家高技术研究发展计划（863计划）》整理
	2015年6月	国家科技支撑计划	《支撑计划》中涉及大数据的内容散见于"信息产业与现代服务业"部分，具体来说：①新兴服务业："基于大数据应用的综合健康服务平台研发及应用示范""研发基于大数据的口腔健康服务系统平台""研发基于移动互联网与大数据的人才管理与服务交易社会网络技术"；②科技服务业："以大数据等相关技术为支撑，研究研发设计与信息服务支撑平台共性关键技术"；③文化科技创新西部行动："研究基于影像和街景地图的文化资源虚拟展示、文化资源信息大数据商业智能分析技术""研究基于大数据分析的新媒体交易和智能撮合模型"
农业部	2015年12月	《农业部关于推进农业农村大数据发展的实施意见》	《实施意见》的主要内容可以概括为"1个目标、3项进度、4条原则、5大基础、5项保障、11个重点领域"： （1）主要目标：未来5~10年内，实现农业数据的有序共享开放，初步完成农业数据化改造； （2）进度安排：①基本完成数据的共用共享（2016~2018年），②逐步实现政府数据集向社会开放（2019~2020年），③建成全球农业数据调查分析系统（2021~2025年）； （3）基本原则：①问题导向、应用驱动，②创新机制、整合资源，③先易后难、逐步推进，④上下联动、社会众筹； （4）5大基础：建设国家农业数据中心、推进数据共享开放、发挥各类数据的功能、完善农业数据标准体系、加强数据安全管理； （5）5项保障：落实各级农业部门责任、推进完善基础设施、

第6章 大数据驱动经济高质量发展相关政策评述

续表

发布单位	发布时间	政策/项目名称	涉及大数据的主要内容
			创新投入和发展机制、提升科技支撑能力、健全规章制度；（6）重点领域：生产智能化、资源环境监测、灾害预报、病虫害预警、质量安全追溯、信息查询追溯、产销信息监测、经营体制机制创新、数据资源共享、个性化需求、管理高效透明。——根据《农业部关于推进农业农村大数据发展的实施意见》整理
国家发展改革委	2016年1	《关于组织实施促进大数据发展重大工程的通知》	《通知》主要明确了4个"重点方向"：①大数据示范应用，包括社会治理、公共服务、产业发展、创业创新；②大数据共享开放，包括完善的制度和统一的平台体系；③基础设施统筹发展，包括整合分散的政务数据中心、构建国家数据中心体系、开展绿色数据中心试点；④数据要素流通，包括建立完善国家大数据标准体系和大数据交易平台和制度。——根据《关于组织实施促进大数据发展重大工程的通知》整理
国家发展改革委牵头的部际联席会议	2016.4	《促进大数据发展三年工作方案（2016~2018）》、《促进大数据发展2016年工作要点》、《政务信息资源共享管理暂行办法》和《政务信息资源目录编制指南》	会议从"战略意义""三个着力点"和"三大建设"方面对大数据展开论述：（1）战略意义：①紧抓"数据大国"向"数据强国"转变的新机遇，发挥数据资源的战略作用，建设数据强国，积极构建国家竞争新优势；②把握工业经济和信息经济交汇发展的关键期，深入发掘数据要素潜力，激活数据要素，有效催生经济发展新红利；③顺应互联网时代形势，将大数据引入政府治理，实施数据决策，努力打造政府治理新手段。（2）三个着力点：①加快数据共享开放，开展政府治理大数据示范应用，推进"互联网+政务服务"，深化数据创新应用；②推动产业创新发展，做好大数据产业发展的规划，推动好工业大数据、互联网与制造业的融合发展；③科学规范利用数据，建立完善大数据管理机制，加快相关法律法规和标准体系建设，强化数据安全保障。（3）三大建设：制度体系建设、综合试验区建设、重大工程建设。——根据相关新闻报道整理

从上述近年来国务院有关部委为推动大数据和数据产业发展所出台的相关政策文件，我们可以看出这样四个方面特点：

（1）重视大数据相关技术的研究与开发。国务院有关部委十分重视大数据相关技术的研究与开发工作，不仅出台了鼓励大数据技术研发的政策文件，辅之以配套的项目支持计划，而且在重大工程或者项目中积极展开多部门合作，共同推动实施。

（2）多方力量共同推进，大数据技术体系不断完善。为了推进大数据和数据产业发展，工信部、发改委、科技部等相关部委共同发力，通过863计划、973计划和国家科技支撑计划等支持大数据领域多种技术的研发，比如云计算平台的大数据服务、工业大数据集成、智能语音与大数据以及大数据计算的基础研究等。我国大数据技术体系不断走向成熟和完善。

（3）组织协调机制出现，政策落实力度加码。为了贯彻落实国务院《大数据纲要》，由发改委牵头成立了促进大数据发展部际联席会议制度，进一步强化各部委间的统筹协调工作。2016年4月部际联席会议第一次会议通过了《促进大数据发展三年工作方案（2016～2018）》《促进大数据发展2016年工作要点》《政务信息资源共享管理暂行办法》和《政务信息资源目录编制指南》等四份大数据配套政策文件，对具体落实顶层设计精神、推动大数据发展具有重要意义。

（4）重视大数据商业化应用。长期以来，我国在新技术的研发中一直存在着"重技术研发，轻商业应用"的问题，造成了我国新技术研究很难转化为现实的商业价值和社会经济价值，科研资源浪费巨大。一个可喜的局面是，近年来国务院有关部委出台的大数据发展相关政策比较重视大数据商业化应用，政策扶持上专门针对大数据商业化应用的基金支出项目逐渐增多，比如大数据在金融行业、医疗健康、商务管理等方面的应用研究工作逐渐展开，并初显成效。

6.3 我国发展大数据产业政策综合评述

产业政策是一国的中央或地方政府为了其全局和长远利益而主动干预产业活动的各种政策总和,产业政策的功能主要是弥补市场缺陷,充分发挥有为政府的作用。其目的都是为了促进产业结构的合理化与高度化,实现产业资源的优化配置,发挥后发优势,最终增强本国或者本地区在产业发展上的竞争优势。

数据产业作为我国战略新兴产业的重要组成部分,具备三大特征:其一,创新成果吸收快,大数据技术催生新的生产函数;其二,市场潜力巨大、有望持续高速增长;其三,产业关联效应明显、辐射带动作用强。数据产业作为新兴产业,需要借助国家产业政策的扶持,才能充分发挥后发优势,不断提高市场竞争力。

6.3.1 我国发展数据产业政策取得的实践成效

1. 科学的顶层设计助推数据产业加快发展

虽然我国数据产业发展起步较晚,但党中央、国务院从我国的国情出发作出的推进数据产业发展战略部署和出台的政策举措遵循市场经济的客观要求,引领各省区大数据产业迅速发展,充分发挥后发优势,实现"变道超车"的局面,如西部欠发达省区,其大数据产业发展已领先全国。

2. 政府与企业协同发力

在政府引导与企业主导的协同作用下,以数据资源、数据清洗、数据应用等几方面为主的数据领军企业呈现出蓬勃发展势头。如数据堂、九次方等都是比较优秀的大数据企业。

3. 省市地方政府先行先试,数据产业园区争先发展

目前,我国有相当数量的省市已经出台比较完整、系统性的地方数据

产业发展规划或纲要文件，为我国地方数据产业发展提供了重要指导和保障支撑。以大数据产业园、大数据基地、大数据中心、大数据交易平台为代表的一批大数据项目在我国东中西部地区多个省市全面铺开，数据产业发展呈现出一片欣欣向荣的景象。截至 2015 年底，我国已建成大数据产业园区超过 100 家。

6.3.2 我国数据产业政策存在的主要问题

1. 国家层面缺乏数据产业发展规划

虽然国务院已经发布了《促进大数据发展行动纲要》，但是这部文件主要是从国家发展战略层面上对我国数据产业发展的总体目标、主要任务、政策机制做出了原则性的顶层设计，缺少落实这些政策目标、任务、机制的进一步具体措施安排。数据产业的发展呼唤数据产业发展规划，目前我国还没有出台一部顶层设计的《数据产业发展规划》。国家层面的数据产业发展规划是地方政府发展数据产业的目标导向，能够引领数据产业持续健康发展。时下，顶层设计的数据产业发展规划缺位制约了数据产业发展，因此应尽早编制完成《大数据产业"十三五"发展规划》，以此引导大数据产业的合理布局、健康持续发展。

2. 部委层面的政策空泛化现象严重，财税措施缺位

国务院有关部委在各自职责范围内，为推动我国数据产业健康发展，进行了诸多有益的思考和扎实的实践，并取得了一定的成效。但是它们在数据产业相关政策的制定和落实方面存在的问题也是显而易见的。

（1）原则性意见多，具体措施少。国家部委出台的有关大数据或数据产业发展的政策性文件，大部分仍然是原则性的，甚至只是国发文件的"扩展版"。真正推动大数据发展的具体政策，仍然有限。

（2）相关性"碎片化"政策多，针对性政策文件少。有关部委发布的涉及大数据的政策文件中，专门针对大数据或数据产业发展的政策文件相对较少，更多的是相关性"碎片化"政策文件，可操作执行度低。

（3）财政和税收的手段并未充分利用。国家对于一个行业发展的调控，

归根结底还是要落在财政政策和税收政策上。在财政政策方面,应摒弃传统专项资金的形式,通过成立大数据产业发展基金,实施市场化运作方式,真正发挥财政资金"四两拨千斤"的作用。在这一方面的实践上,地方已经走在中央前面。在税收方面,应该对纳入相关目录的大数据产品,实施税收减免,这既能扩大政府和企业对大数据产品的采购,也能引导和培育大数据产业向高精尖发展。

3. 缺乏国家层面上数据产业发展的配套政策措施

(1) 国家层面的组织协调机制欠缺。

在国家层面的大数据组织协调机制建设上,一方面,我国明显落后于欧美发达国家,如美、英、澳等国家出台的数据产业政策中都配套有国家层面的组织协调机制;另一方面,我国地方政府也走在了中央政府的前面,如广东、重庆、武汉等地方省市都建立了比较完善、分工明确的组织协调机制。通过对这些案例的归纳分析,可以发现它们的组织协调模式有如下两大类(详见表6-3、表6-4):

表6-3 主要发达国家大数据组织协调模式

编号	代表国家	组织协调模式
第一类	美国	白宫科学和技术政策办公室(战略制定)—大数据高级监督组(监督执行)
	英国	统计局和经济社会研究委员会(政府数据能力提升)—信息化基础设施领导理事会(大数据基础设施建设)—各行业协会(本行业数据能力建设)—信息经济委员会(具体战略实施)
第二类	澳大利亚	跨部门大数据工作组(战略)—数据分析卓越中心(配合)

第一类:授权原有国家政府部门统筹负责,牵头制定大数据发展战略,其他机构和组织配合。国外以美国、英国为典型代表,国内以重庆、广东为代表。

第二类:新成立专门的领导小组负责大数据战略的统筹工作,其他组织机构配合。国外以澳大利亚为典型代表，国内以武汉、厦门、沈阳为代表。

完善的组织协调机制为数据产业政策的制定、监督和执行，为数据产业的健康、持续发展提供了强有力的保障。

表6-4 国内主要省市大数据组织协调模式

编号	代表省市	组织协调模式
第一类	贵州	省经济和信息化委牵头—数据资源管理办公室—专家委员会
	重庆	云技术工作领导小组（统筹）—云计算专家委员会和专家学者、企业界人士（咨询）
	广东	信息化工作领导小组—大数据发展部门间联席会议—专家咨询委员会—各部门、各地具体实施
第二类	武汉	大数据产业发展统筹工作领导小组（统筹）—办公室（推进）—专家咨询委员会（咨询）—战略研究院（研究）
	厦门	新成立专门机构—专家咨询委员会—首席数据官制度
	沈阳	智慧沈阳建设工作领导小组—市大数据管理局和各区县（市）、市直各部门双重领导—大数据专家咨询委员会

国务院在出台的《促进大数据发展行动纲要》中明确提出"建立国家大数据发展和应用的统筹协调机制，推动形成职责明晰、协同推进的工作格局"，从实际落实情况来看，发改委牵头的促进大数据发展部际联席会议制度可谓迈出了重要一步，但联席会议统筹协调功能的发挥有赖于明确的部门分工、地方各级政府协同配合，以及专家咨询委员会、大数据行业协会等组织的协助。目前，在国家层面的组织协调体系内上述各个部分尚未形成有效的联动整合、相互掣肘现象比较突出，严重制约了组织协调机制功能的发挥。国家级大数据组织协调机制的不健全，给我国数据产业的健康发展带来很多问题：其一，国家在大数据发展战略及其配套政策的制定和实施上难以有效开展工作；其二，国家难以将各部门分散的、碎片化的

数据资源加以整合，打破"数据孤岛""数据割据"的现象；其三，缺乏与地方大数据组织协调机制相衔接的国家级统筹协调机制，容易造成中央和地方大数据政策的分割，不利于中央和地方协调，也不利于引导地方各级政府结合自身条件合理定位、科学谋划本地区大数据产业发展。

（2）统一的标准规范体系缺位，"地域性数据割据"问题凸显。

数据的流动性、开放性和可获取性是数据产业发展的重要基础，而建立统一的数据产业标准规范体系是实现数据流动、开放共享和交易的前提条件。建立全国统一的大数据标准规范，不仅有利于实现数据资源的跨部门、跨行业整合，而且有利于推动数据资源的跨区域流动和交易，对于建立全国统一的大数据交易市场，加快培育大数据产业，提升社会服务和治理能力，提升行业管理水平，加快经济转型升级具有重要的促进作用。

从大数据产业链角度出发，大体上可以将数据产业标准规范体系分解为如下三方面内容：

1）数据采集和存储标准规范，包括数据编码、指标口径、交换和访问接口、分类目录等。

2）数据开放共享和分析应用标准规范，包括数据安全、隐私保护、开放共享范围和权限、数据清洗和脱敏等。

3）数据交易标准规范：质量评估、定价模式、产权界定、交易权限和范围等。

目前，我国地方政府在数据产业标准规范体系建设方面态度积极。从已出台大数据发展规划或者纲要等政策文件的地方省市来看，广东、重庆、武汉等都将制定大数据标准规范作为本地区数据产业发展的重要配套政策来抓，但是在国家层面至今没有出台统一的数据产业标准规范的情况下，相关地方省市纷纷加紧制定各自的大数据标准规范，虽然有利于各地区内部大数据的采集、存储、管理、开放、共享和应用，打破地域内部的"数据孤岛""数据割据"现象，但是却给跨省域，甚至跨国域的数据资源、数据资产、数据产品的流通和交易埋下了隐患，使得"地域性数据割据"问题更加凸显。

当务之急，国家层面应该加快制定全国统一的数据产业标准规范体系，可以按照"由易到难、分步骤、有重点"的原则有序推进。首先，可以从最容易的标准规范环节入手，比如数据采集和存储环节。结合我国已经比较成熟的经济社会统计指标体系和数据存储方式，在全国范围内首先推行统一的政务数据编码、数据分类目录、指标口径、交换和访问接口等标准规范，建立起比较完善的数据采集和存储标准。其次，在数据的开放、共享和分析应用标准规范建设方面，应结合我国现有的涉及个人隐私、信息保护、国家安全等方面的法律法规，在不危害国家安全、不涉及个人隐私和敏感信息的前提下，明确政府数据资源开放共享的范围和权限（包括开放的内容、格式、方式、对象等），界定个人信息应用的范围和方式。最后，在大数据交易标准规范建设上，由于国内外没有类似的先例可供借鉴。可以通过大数据交易所、交易中心等多种数据交易平台的试点运行，逐步总结出符合我国实际的数据交易经验，培育出相对成熟的大数据交易市场。值得注意的是，我国在推进数据产业标准规范体系的建设中，应该时刻保持与国外相关机构的沟通交流，以保证我国大数据标准规范体系与国外的标准规范能够衔接与兼容，为今后数据资源、数据资产和数据产品的跨国流通和交易打下基础。

（3）我国数据安全、隐私等方面的政策出台滞后。

当前，在全球数据安全和数据隐私保护等方面，欧美等发达国家已经走在了世界前列。尤其是欧盟，自从 1995 年制定《数据保护指令》以来，对个人数据保护立法几经修订，终于在 2015 年 12 月 15 日通过了《一般数据保护条例》（General Data Protection Regulation，GDPR），以欧盟法规的形式确定了对个人数据的保护原则和监管方式，个人数据保护管理被提到了前所未有的高度。

在数据安全和数据隐私保护方面，目前我国出台了 40 部法律、30 部行政法规、200 部规章和地方性法规，以加强信息保护，有关部门还专门制定出台了《全国人大常委会关于维护互联网安全的决定》、《电信和互联网用户个人信息保护规定》。

第6章 大数据驱动经济高质量发展相关政策评述

尽管我国现在很多法律法规都涉及信息安全、信息保护等相关问题，而且现阶段也能够对我国数据安全、隐私保护等发挥一定积极作用，但是总体来看，以上这些法律法规层次不太高，执法的力度也不够强①，尤其是在数据安全和隐私保护等问题上针对性不明显，已经无法满足我国数据产业发展的新要求。

综上所述，我国现阶段保护数据安全和隐私的能力还十分有限，数据安全和隐私保护的法律法规缺失，网络信息管理体制存在缺陷，网络信息技术储备不足，这些都严重地削弱了我国大数据安全和隐私的保护能力。为此，现阶段我国急需出台数据产业方面的专门法律，如数据安全法、个人数据信息保护法、政府数据信息公开条例、数据资源管理条例、数据产权保护法等。

---

① 魏凯. 各国政府积极制定推进政策数据开放运动席卷全球 [J]. 世界电信, 2014, (Z1): 49-54.

第7章

中国大数据产业和大数据交易现状分析

7.1 中国大数据产业发展现状

7.1.1 从中央到省市地方政府陆续出台一系列数据产业政策

2015年9月,国务院发布了《促进大数据发展行动纲要》要求三位一体建设数据强国,提出推动大数据发展和应用在5~10年内实现"打造精准治理、多方协作的社会治理新模式""建立运行平稳、安全高效的经济运行新机制""构建以人为本、惠及全民的民生服务新体系""开启'大众创业、万众创新'的创新驱动新格局"和"培育高端智能、新兴繁荣的产业发展新生态"的目标。为达到上述目标,纲要提出从"加快政府数据开放共享,推动资源整合,提升治理能力""推动产业创新发展,培育新兴业态,助力经济转型"和"强化安全保障,提高管理水平,促进健康发展"三大主要任务着手,通过"十大工程"全面推动大数据发展和应用。

2015年11月,党的十八届五中全会将大数据战略正式上升为国家战略。国家发展改革委员会、工业和信息化部、中央网信办等国家部委和机构,为贯彻落实党中央、国务院关于推进大数据战略的工作部署,开始尝试在贵州等区域推行国家大数据综合试验区、大数据集聚区等试点工作,将在数据资源管理与共享开放、数据中心整合、数据资源应用等方面开展系统性试验。

除此之外,国家还出台了一系列支持、促进和涉及大数据产业和应用发展的政策文件。2015年1月,国务院出台了《关于促进云计算创新发展培育信息产业新业态的意见》提出,加强大数据开发和利用,开展基于云计算的大数据应用示范,支持政府机构和企业创新大数据服务模式。2015年7月,国务院办公厅出台了《关于运用大数据加强对市场主体服务和监管的若干意见》要求运用大数据提高为市场主体服务水平。

此外,工业和信息化部正在制定大数据产业"十三五"规划,将从技术、产品、标准、资金等多个维度支持大数据的发展。

与此同时,地方政府在大数据领域也开展了积极探索。截至2015年底,上海、贵州、重庆、天津等23个省市区出台了74个与大数据相关的政策和规划,呈现出中央高度重视、地方积极部署的良好局面。贵州出台了《贵州省大数据发展应用促进条例》。上海市于2013年发布了《推进大数据研究与发展三年行动计划(2013~2015年)》,随后在《关于加快建设具有全球影响力的科技创新中心的意见》和上海"十三五"规划纲要中,均将大数据发展作为重要内容。

自2014年2月广东省政府明确提及成立广东省大数据管理局之后,全国各地政府纷纷响应,广州市大数据管理局、沈阳市大数据管理局、成都市大数据管理局以及黄石市大数据管理局应运而生。随后贵州省、上海市政府也有建立大数据管理局的构想。

政府部门还加快了大数据相关的标准、规范和法律法规的研究制定工作。在工业和信息化部的推动下,全国信息技术标准化技术委员会开展了大数据标准化的需求分析、标准体系框架研究、非结构化数据标准等工作,对数据采集、数据表示、数据存储、数据安全、数据管理等方面的国内外标准进行了全面的梳理,并结合当前大数据发展的迫切需求,及时启动了一些关键标准的研制计划，在相关国际标准化组织也提交了大数据研究提案。我国近年来制定和出台一些保护网络信息和个人信息的文件。全国人大发布了《全国人大常委会关于加强网络信息保护的决定》。工业和信息化部起草了《电信和互联网用户个人信息保护规定（征求意见稿）》、《电话用户真实身份信息登记规定（征求意见稿）》，以加强个人信息保护。在数据共享和数据管理方面，我国编制了"科学数据共享工程建设规划"，制定了《科学数据共享条例》、《国家科技计划项目科学数据汇交办法》等一系列数据共享的政策法规。

7.1.2 数据产业形态基本形成

目前，我国数据产业基本形成了以数据资源、产品技术和应用服务等三大部分为主的数据产业形态。其中，数据资源和产品技术居于数据产业核心地位，相关产值可达到百亿元甚至千亿元，并可以此拉动数据产业在政府应用、行业应用和企业应用的万亿市场。

数据资源方面，我国数据资源提供商包括拥有数据的政府、企业和个人。由于个人数据权利缺失和数据保护的相关法律不健全，我国公民个人在实际的商业活动中尚不能完全作为数据资源提供商参与到数据产业价值分配中，因此个人无法扮演主要的数据资源提供商。政府机构是重要的数据资源渠道，很多高质量高价值数据都掌握在政府手中。但是，一般地，政府有义务无偿开放使用公共财政资金收集的不涉及国家秘密的原始数据供企业和个人使用，且不参与价值分配。因此，当前我国真正符合市场经济的数据资源提供商只能是以企业为主。这里主要包括三个方面：一是企业将自有数据提供给其他企业有偿使用，并根据一定的原则获得收益；二是企业收集个人数据和其他各类数据，并通过适当的处理，想第三方出售数据资源，以获取收益；三是企业对政府开放的各类原始数据进行加工、处理和挖掘，并根据第三方要求标准提供数据集，以获得收益。在此背景下，基于市场化的数据资源交易直接催生了数据资源交易市场的出现。当前常见的数据交易平台和企业包括数据堂、数海、贵阳大数据交易所、武汉大数据交易所、河北大数据交易所等综合性数据交易平台，以广联达为代表的建筑数据交易平台，以万得资讯、九次方、东方财富等为代表的金融数据交易平台，以长地万方、凯立德、科菱航睿等为代表的地理位置数据交易平台。

产品技术方面，当前全球大数据技术以开源为主，中国以跟随为主。全球大数据技术格局目前可以分为三个阵营。一是原创理论输出。该阵营的代表是 Google 公司，其发布了系列分布式系统、人工智能相关的论文，从而为大规模数据存储、处理和分析奠定理论基础。例如，Google 于 2003 年发表了关于 MapReduce、Google File System 和 Big Table 的三篇论文，描述了采用分布式计算方式来进行大数据处理的全新思路。二是技术制高点。该阵营主要以雅虎、脸书、Linkedin、Apache 等美国公司为主，主要提供 Hadoop、Storm、Spark 等开源的大数据分析架构和相关的技术服务。其中，Hadoop 是 Apache 基金会在 2005 年支持的一个开源项目，其包含了和 Google 大数据技术相对应的 Hadoop MapReduce、HDFS 和 HBase 等组成部分。Hadoop 的开源特性使得全世界都可以对它进行学习、研究和改进。随后，Yahoo、Facebook、Linkedin 和 eBay 等众多企业开始转向 Hadoop 平台，推动和完善 Hadoop 项目。目前，Yahoo 在 Hadoop 上的贡献率最高，占据 70%，而中国的华为公司亦有很大的贡献。三是产业先锋队。该阵营以 IBM、微软、甲骨文、EMC 等传统 IT 巨头为主，主要针对行业用户提供基于 Hadoop、Spark 两大商用技术平台和一体机的商用产品，以及一些相关的数据库和解决方案等。国内初步形成了"两纵三横"的体系框架，涵盖以 Hadoop、Hbase 等为代表的底层技术，以个性化方案等"二次开发"为代表的应用层技术，以及以基础设施、分析系统和应用工具为代表的数据流程服务等范围。国内大部分大数据相关企业均位于第三阵营，且处于跟随者地位，实力差距较大，仅有少数企业（如阿里巴巴、华为等）可以进入第二阵营。

数据应用方面，我国大数据应用在推动政务数据开放应用、提升政府治理方面发挥着重要作用。目前各个地方已经根据实际情况展开大数据云平台工作，贵州借助"云上贵州"系统平台上线"7+N"朵云、河南省上线"中原云"平台、云南省政府上线"云上云"平台等工作正在有条不紊地推进。在助推惠民工作方面,大数据正在促使医疗社保、网上办事、基础教育、交通运输等民生行业更加便捷化、高效化。2015年8月,贵州交警与"芝麻信用"联合开发了"重点驾驶人从业综合评分系统",从驾驶人违法记录、事故记录、从业情况、不良行为、保险赔付记录等多维度采集指标,将贵州重点驾驶人群纳入"四类三层次"的信用评分模型之中,目前已经可以为评估重点车辆驾驶人履职能力提供重要参考依据。在个人消费方面,目前大型互联网公司的主要应用领域仍然集中于电子商务、互联网金融等热点领域。随着百度大脑、阿里"从IT到DT"、腾讯"大数据连接的未来"、京东大脑等战略的提出,BAT等大型互联网公司在大数据领域的投入依旧巨大,我国大数据产业应用主要推进者依然由这些大型互联网公司领衔,并且大数据在个人消费行业的应用模式已经逐渐趋于成熟。在智能制造、特殊物流、特殊行业电商、农业等细分领域,大数据应用也正在如火如荼地展开。例如,在智能制造领域,作为中国工程机械龙头企业,三一重工在数十万台工程机械上加装了传感器。截至2015年,三一重工已形成5000多个维度、每天2亿条、超过40TB的大数据资源。通过大数据分析,三一重工目前可以实时监测设备的作业情况、关键零件磨损、油耗和承压情况等,从而在问题出现之前预警,做到主动维修,实现对成本的精准控制并大幅提高用户服务质量。

7.1.3 数据交易市场成为大数据产业的重要组成部分

数据交易是指对数据的一系列权益(如所有权、使用权、收益权等)进行价值评估和交换的过程。随着计算能力大幅提升和计算模式的不断"云化",数据的资源特性和价值属性不断显现,数据交易逐渐成为数据产业发展中的一个关键问题。

目前,我国已涌现出一批数据交易平台和企业,截至2015年底,我国已经成立的大数据交易所、交易中心和平台达到10家。其中,中关村数海大数据交易平台成立于2014年2月,是我国首个大数据交易平台。平台旨在帮助我国企业、政府机构、科研机构乃至个人打破"数据孤岛",盘活手中沉积的海量"数据资产",为政府机构、科研单位、企业乃至个人提供数据交易和数据应用场所,实现产业转型升级。贵阳大数据交易所成立于2015年4月。该交易所面向全国提供数据交易服务,交易的数据是基于底层数据,通过数据的清洗、分析、建模、可视化后的结果,旨在促进数据流通,规范数据交易行为,维护数据交易市场秩序,保护数据交易各方合法权益,向社会提供完善的数据交易、结算、交付、安全保障、数据资产管理和融资等综合配套服务。截至2015年底,交易所已经接入数据源公司100家,会员企业达到300家,全年交易金额突破6000万元,数据总量超过10PB,发生交易会员企业70余家,交易所可交易数据总量已经超过50PB。此外,武汉先后于2015年7月和11月成立了武汉东湖大数据交易中心和湖北华中大数据交易平台;2015年11月,中科院深圳先进技术研究院北斗应用技术研究院与华视互联联合推出全国首个"交通大数据交易平台";2015年8月,陕西省大数据交易所挂牌成立;2015年12月,华东江苏大数据交易中心上线,承德市政府与北京数海科技有限公司投资2亿元组建了河北大数据交易中心。

7.1.4 数据产业在区域分布上呈现出蓬勃发展态势

从东部沿海地区到中西部内陆地区,数据产业发展区域分布呈现出聚集发展的良好局面,目前已形成了以贵安新区为核心的综合试验区,以北京为核心的京津冀大数据聚集区,以深圳、广州为核心的珠三角大数据聚集区,以上海、江苏、浙江为核心的长三角地区。此外,重庆、武汉、西安、成都、郑州等市也在积极发展大数据产业,并取得一定成绩,中关村大数据产业园(北京)、仙桃数据谷(重庆)、大数据科技产业园(成都)、白沙大数据产业园(郑州)、江苏省大数据特色产业园(苏州)等一大批大数据产业园区纷纷落地。

贵州省举全省之力发展大数据产业,成为中国大数据产业聚集度高、发展迅速的地区之一。2016年3月,国家发展改革委、工业和信息化部、

大数据
驱动中国经济高质量发展

中央网信办发函批复,同意贵州省建设国家大数据(贵州)综合试验区,这是全国首个获批建设的国家级大数据综合试验区。批复提出,综合试验区将通过3~5年时间探索,有效打破数据资源壁垒、强化基础设施统筹,打造一批大数据先进产品,培育一批大数据骨干企业,建设一批大数据众创空间,培养一批大数据产业人才,有效推动相关制度创新和技术创新,发掘数据资源价值,提升政府治理能力,推动经济转型升级。综合试验区主要开展数据资源共享开放试验,数据中心整合利用试验,大数据创新应用试验,大数据产业聚集试验,积极培育大数据产业生态体系,发展大数据核心业态、关联业态和衍生业态,数据资源流通试验,开展大数据国际合作试验和大数据制度创新试验等。目前,贵州已经建成全国首个省级政府数据聚集共享开放云计算平台(云上贵州),已经聚集大数据及关联企业1241家,贵阳大数据交易所2015年实现交易金额突破6000万元。

京津冀地区正在加速构建"京津冀大数据走廊"。其中,北京以中关村为核心重点布局数据技术与服务研发,天津重点布局大数据、云计算、物联网等设备制造,河北廊坊、承德、张家口等地建设大体量数据中心和电子商务等产业大数据规模化应用服务项目。三地在推进区域大数据产业发展方面展开了一系列合作。2015年8月,中关村管委会与承德市政府签署了大数据合作战略协议,计划打造占地7000亩地大数据产业城,建设面向全国、服务京津冀的大数据灾备服务中心。2015年12月,河北京津冀大数据交易中心在北京成立,成为京津冀区域首个大数据资源互联及交易机制。此外,京津冀三地也各自不断加强大数据产业布局。2015年8月,中关村管委会、海淀区、北京大学等单位联合成立了北京大数据研究院,主要面向交通、金融、移动互联网、医疗等大数据领域。2015年10月,天津市启动了为期三年的大数据与云计算重大科技专项规划,加快培养大数据与云计算等新一代信息技术创新型企业,构建信息产业聚集区,开发一批具有产业核心竞争力的大数据基础软硬件"杀手锏"产品。张家口引进阿里巴巴北方云基地数据中心项目,建设容量达到10万台服务器。廊坊市规划了占地3.32平方公里的大数据产业园区,已经吸引了润泽国际信息港、华为、中国人保等企业入驻，另外与京东签署协议，投资395亿元共建北方大数据中心。

长三角地区发展大数据产业的基础雄厚。长三角地区是我国重要的电子信息制造业和软件业基地，工业和信息化部的数据显示，截至2015年底，长三角地区规模以上软件企业达到10084家，占全国的26.4%，实现软件业务收入13480亿元，占全国的31.5%。长三角地区将大数据与智慧城市、云计算发展紧密结合，吸引了大批大数据企业聚集发展。上海早在2012年就上线了上海市政府数据服务网（datashanghai.gov.cn）向社会提供政府数据的浏览、查询和下载服务。当前，上海市正在起草《上海市关于推进大数据发展的若干意见》。预计到2020年，大数据将对上海市创新社会治理、推动经济转型升级、提升科技创新能力作用显著，上海市政府数据服务网站开放数据集超过3000项，形成3~5个大数据产业基地，引进和培育50家以上大数据骨干企业，数据驱动型产业经济总量达到千亿元级别。南京重点依托智慧城市建设，推动大数据在城市管理和民生服务领域应用。杭州则利用较完善的基础设施优势、龙头企业带动和数据开放的扶持政策，推动大数据和云计算有机结合。

珠三角地区依托广州、深圳等在电子信息产业的优势，发挥广州和深圳两个国家级超算中心的聚集作用，先后建成了云计算中心（佛山）、云服务产业园（肇庆）、"珠西数谷"（江门）、云计算数据中心产业园（云浮）等产业载体，在腾讯、华为、中兴等一批骨干企业的带动下，逐渐形成大数据聚集发展的态势。广东省已经批准在省经济和信息化委员会设立大数据管理局，并出台了《广东省信息化促进条例》，使得大数据技术获得立法扶持。《广东省大数据产业发展》报告显示，截至2014年底，广东省的数据存量达到2300PB，数据资源聚集度较高。

7.2 中国大数据交易市场发展现状

7.2.1 我国大数据交易市场的组织形式

随着大数据重要性的日益显现和国家对数据产业的大力推动,近几年我国大数据交易市场也呈现出欣欣向荣的繁盛景象,各地陆续出现了服务于大数据交易的机构。目前,我国大数据交易市场存在三种不同的交易组织形式:

1. 大数据交易平台

大数据交易平台是服务于各行业数据流通交易的场所,具有登记、评估数据源以及中转数据和检索数据等功能。作为对数据交易行为监督和审核的机构,大数据交易平台有权按相关法律法规及时停止违规交易行为。大数据交易平台的出现为数据交易提供了稳定可靠的运行平台,保障数据的安全,并维护交易市场健康、稳定发展。截至2015年底,我国正式运营的大数据交易平台包括:中关村数海大数据交易平台(2014-02-20)、湖北大数据交易平台(2015-07-06)和交通大数据交易平台(2015-11-19)三家。

(1)中关村数海大数据交易平台。

2014年2月20日,中关村数海大数据交易平台对外宣布启动,这是我国首个大数据交易平台。该交易平台由同日成立的中关村大数据交易产业联盟承建(中关村大数据交易产业联盟是在中关村管委会指导下,由工信部电信研究院、中关村互联网金融协会、京东商城、亿赞普等60余家单位参与组建的国内首个面向数据交易的产业组织。[①]),该平台的建成帮助我国

---

① 中关村大数据交易产业联盟成立60余单位加入[EB/OL]. 千龙网,2014-2-20.

企业、政府机构、科研机构乃至个人打破"数据孤岛",盘活手中沉积的海量"数据资产",为政府机构、科研单位、企业乃至个人提供数据交易和数据应用场所,实现产业转型升级。①作为一个第三方交易平台,实现交易的进行时,平台本身并不存储数据、截流任何数据,仅作为交易管道,促进双方交易的实现和交易流程的管理。

交易方式:在交易的过程中,该交易平台通过开放应用程序接口(API)进行数据录入、检索、调用,为政府机构、科研机构等部门乃至个人提供数据交易和使用。在不涉及个人隐私、不危害国家安全并获得数据所有方授权的情况下,为数据所有者提供变现的渠道,为数据开发者提供统一的数据检索和开发平台,同时为数据使用者提供丰富的数据来源和数据应用。

覆盖面及规模:伴随着中关村大数据产业的迅速发展,基础设施、数据资源、数据应用等关键领域已经拥有比较完整的产业链,并形成了相当具有规模的中关村大数据产业集群。目前中关村大数据和移动互联网产业的收入规模超过5000亿元,约占中关村总收入的1/6。同时,中关村的地理优势将为该平台在未来的发展中奠定良好的基础。

运营模式:该平台的成立,打破了以往传统的数据交易运营模式,并涌现出个性化医疗、数字金融、智能交通、精准营销等基于大数据的新型商业模式。

2月19日,中关村管委会对外发布了《关于加快培育大数据产业集群推动产业转型升级的意见》,旨在打造全球大数据创新中心,促进传统产业转型升级,进一步完善有利于大数据产业发展的政策环境,聚集大数据创新资源;搭建大数据服务平台;培育大数据技术创新联盟、标准联盟等产业组织;加强区域合作,建立"京津冀大数据走廊"等,并预期到2016年,中关村大数据带动的产业规模将超过1万亿元。

---

① 中关村启动全国首个大数据交易平台[EB/OL]. 新华网,2014-02-20.

(2) 湖北大数据交易平台。

2015年7月6日,湖北大数据交易平台在武汉启动,这是全国首个省级大数据交易平台。该平台的成立旨在确保数据不涉及个人隐私、不危害国家安全,同时获得数据所有方授权的情况下,为数据所有者提供大数据变现的渠道,为数据使用者提供丰富的数据来源和数据应用。[①]

交易方式:该平台将通过开放的应用程序接口(API)进行数据录入、检索、调用,为政府机构、科研单位、企业乃至个人提供数据交易和使用的场所。[②] 主要是对数据进行二次挖掘分析,如今已拥有300位数据挖掘者与分析师,提供个性化数据产品,并且以数据为基础的报告分析等产品将是特色。[③]

覆盖面:作为首个省级大数据交易平台,已有300位数据挖掘者与分析师提供个性化数据产品。湖北大数据中心总经理吴爱国表示,该交易平台是国内首家支持个人和机构实时在线交易的平台,并且在未来湖北大数据交易中心将推出大数据金融产品,同时启动政府数据开放计划。据智库IDC研究报告显示,当前,全球数据量大约每两年翻一番,2020年全球将达到40ZB(相当于4万亿GB)的数据量,每一秒都有海量数据被用在通信、电子、医疗、金融等各行业。

运营模式:该交易品平台旨在打造第三方交易平台,提供交易、结算、资管和融资等服务,该交易系统拥有数量出售、购买、查询和需求发布等模块,支持个人和机构实时在线交易,这也是国内首家。[④]

(3) 交通大数据交易平台。

2015年11月19日,全国首个"交通大数据交易平台"在深圳揭幕,该交易平台是由中科院深圳先进技术研究院北斗应用技术研究院与华视互联联合成立,是全国首个"交通大数据交易平台",此交易平台的成立旨在

[①②] 湖北大数据交易平台在武汉启动 [EB/OL]. 和讯网, 2015-07-07.
[③④] 首个省级大数据交易平台湖北大数据交易中心在武汉启动 [N]. 楚天金报, 2015-07-07.

利用大数据解决交通痛点，推动智慧城市的建设。

交易方式：面对每天所产生的海量的交通数据存在巨大的潜力与价值，通过交通大数据交易平台数据的管理分析，以及对人群、车辆交通行为的有效分析，对交通态势进行研判与预测，从而提供交通信息服务，并将对"道路拥堵"与"停车困难"等城市最需要解决的交通问题提供帮助。

覆盖面：交通大数据交易平台将目光聚焦于交通行业，利用大数据解决交易痛点，推动智慧城市的建设。华视互联在全国拥有 30 余个城市约 30000 辆公交车 930 万注册用户，每天超过 16 个小时覆盖 7.3 亿人群的海量数据。

运营模式：交通大数据交易平台是有别于现有数据交易平台的一种专一性运营模式。其运营聚焦在交通这一单一行业领域，基于严格的数据质量和价值评估体系标准，通过对交易数据统一采集、统一评估、统一管理、统一交易，结合前者庞大的数据资源，加上后者在大数据领域多年积累的数据清洗、分析、挖掘等处理能力，服务于交通行业，逐步组建交通大数据供应商联盟，构建良性的大数据生态系统，为人类提供更优质的智能化交通服务，方便人们出行。①

在现存的三家大数据交易品台中，湖北大数据交易平台是我国首个升级大数据交易平台，交通大数据交易平台是我国首个"交通"大数据交易平台。由于这三家大数据交易平台尚还处于起步阶段，均未产生可观的成交记录和成交额。其中，中关村数海大数据交易平台率先提出了《中关村数海大数据交易平台规则（征求意见版）》，为我国大数据交易行为规则和标准的最终落地提供了相关参考和借鉴。

2. 大数据交易中心

作为促进大数据顺利交易、服务大数据产业发展的大数据交易中心，虽然在其最终目的上与上面所述的大数据交易平台相类似，但仍然有细微差异。大数据交易中心一般是由市场主导的提供数据共享、算法服务及撮

---

① 全国首个交通大数据交易平台落户深圳［N］.深圳特区报，2015-11-20.

合交易信息、技术综合服务的一种大数据服务中心,该中心自身提供各项数据和分析挖掘服务。可以说,大数据交易中心是一种侧重于大数据的商业应用。截至 2015 年底,我国正式启动了三家大数据交易中心,它们分别是:武汉东湖大数据交易中心(2015-07-22)、河北大数据交易中心(2015-12-03)和华东江苏大数据交易中心(2015-12-16)。

(1)武汉东湖大数据交易中心。

2015 年 7 月 22 日,由北京中润普达、武汉东湖创投、武大吉奥、武汉智慧产业园、汉口银行所属的武汉汉思等合作,并经武汉市政府批准的国内首家以"东湖"命名的华中首家大数据交易中心——武汉东湖大数据交易中心正式成立,并成功完成首笔大数据资产交易。该交易中心的成立,有利于把大数据转换成为真正意义的资产,让大数据资产在更大的范围内流通,并产生巨大的价值。

交易方式:该交易平台秉承"激活数据资产,开创数据时代"的发展理念,以数据即资源,数据即服务为出发点和落脚点,以电子交易为主要形式,搭建高效、便捷、开放的大数据资源集成机制、交易机制和服务机制。①

覆盖面:武汉东湖大数据交易中心的业务涵盖"原数据交易、预处理交易、算法交易、数据采购"等多种形式,其交易对象不仅包括企业、政府和相关机构,还包括个人,由于涉及数据泄密和隐私,武汉东湖大数据交易中心将制定严格的数据审查制度。

运营模式:该交易平台以"大数据+产业+金融"的业务发展模式,在行业垂直市场领域提供数据交易、预处理交易、算法交易及大数据分析、平台开发、技术服务、数据定价及采购、数据金融、交易监督等综合服务;并基于数据金融资产化方向提供撮合、融资、贷款、二次开发等多种合作服务,并为企业、机构、个人等提供盘活数据资源、数据价值发现的全面解决方案。试图将交易中心建成全国重要的大数据资产采集加工中心、大

---

① 华中首家大数据交易中心在武汉成立[EB/OL]. 新华网,2015-07-22.

数据资产交易中心、大数据资产定价中心、大数据资产金融服务中心、大数据资产管理中心和大数据资产质量监控中心。①

成交记录：该交易中心由省委常委、市委书记阮成发点击成功完成首笔大数据资产交易，交易内容是"基于政府公开数据和互联网信息的中小企业综合评估"，其中卖方是武大吉奥信息技术有限公司，买方是北京拉卡拉网络技术有限公司，交易金额为8.6万元。②

(2) 河北大数据交易中心。

2015年12月3日，由承德市人民政府与北京数海科技有限公司共同投资2亿元，并经河北省人民政府批准成立的全国第一家开展数据资产证券化的服务机构、华北地区第一家数据资产交易平台——河北大数据交易中心正式启动，它的成立将打破行业间数据共享的壁垒，盘活京津冀地区的数据资源，实现数据资产的有效利用，并与全国第一家数据交易平台"中关村数海大数据交易平台"实现对接，打通"京津冀大数据走廊"，促成数据的供需对接，推动产业升级，成为京津冀一体化的桥头堡。

交易方式：河北大数据交易中心是大数据产业链的要素市场，主要将基于产业要素、基础设施建设的角度，通过开展数据资产登记、数据资产托管管理、数据商品交易、数据资产交易、数据资产金融产品设计服务、金融杠杆数据设计及服务、数据资产证券化、数据资产权益类交易等业务，解决产业发展所面临的瓶颈和数据交易市场缺失、产业服务支撑体系不健全等现实问题，从而为数据产业发展构建良好的产业环境。③

覆盖面：河北大数据交易中心的服务对象除政府部门、科研机构、电商企业以外，更多的是创业型小微企业。目前，该中心已联合中关村大数据交易产业联盟初步发展会员单位142家。预计2017年，该中心将建成全国最大的数据交易平台，直接影响到2020年我国大数据产业2万亿市场的

---

① 华中首家大数据交易中心在武汉成立 [EB/OL]. 新华网，2015-07-22.
② 武汉建"数据淘宝网"开卖大数据 [N]. 武汉晚报，2015-07-23.
③ 河北大数据交易中心启动成立 打通京津冀大数据走廊 [EB/OL]. 长城网，2015-12-03.

布局。①

运营模式：河北大数据交易中心旨在打破大数据信息交流阻碍，通过汇聚海量高价值数据，将数据挖掘价值最大化，成为大数据产业发展的基石。②

（3）华东江苏大数据交易中心。

2015年12月16日上午，以省市合作的盐城大数据产业园为起点，经江苏省金融办批准设立，为华东地区首家上线运营的数据交易平台——华东江苏大数据交易中心平台上线运营暨华为云服务江苏数据中心揭牌仪式在华东江苏大数据交易中心一楼大厅隆重举行。据了解，华东江苏大数据交易中心计划在5年内实现数据资产规模超万亿，推动千家企业数据资产挂牌，实现交易额超3000亿元，带动大数据创新创业企业1000家，实现数据清洗加工就业人数过万人，一个新的业态将呈现在世人面前。③

交易方式：华东江苏大数据交易中心将采用用户兑换积分制度，在提供便民查询服务的同时鼓励用户贡献更多的数据，提供平台的数据涵盖面，增强平台的便民服务应用范围。交易形式多样化，其服务类别包括：数据交易、预处理交易、算法交易及大数据分析、平台开发、技术服务、数据定价及采购、数据金融、交易监督等综合服务。

覆盖面：交易中心将依托江苏省和华东地区丰富的特色数据资源优势和特色产业资源，深度挖掘数据资产价值并形成应用。

运营模式：该交易中心秉承"开启数据便民时代，互动创造数据价值"的核心理念，基于大数据采集、挖掘、清洗、可视化等技术，以"大数据+产业+金融"为业务发展模式，将分散在各个信息孤岛的数据汇聚后通过关联、交叉、分析、挖掘，为全社会提供数据应用服务。此外，中心基于数据金融资产证券化方向提供数据资产的典当、融资、抵押、贷款等多种业

---

① 河北大数据交易中心启动［EB/OL］.中央政府门户网站，www.gov.cn，2015-12-04.
② 河北大数据交易中心在北京成立，中国新闻网［EB/OL］.2015-12-03.
③ 华东首家大数据交易中心上线数据资产服务开启互动便民时代［EB/OL］.迪赛网，2015-12-16.

务模式，为各类经济主体如政府、机构、企业以及个人盘活数据存量资源提供全面的综合解决方案。同时，交易中心还要通过模式创新结合微创新，实现价值数据到数据资产，再到数据资本的转化，完成数据资产"雪球效应"，推动传统产业的升级转型。

成交记录：国内某新媒体企业从该交易平台购买了一条标价为6.2万元的薪资调查数据包，成为上线后的第一笔交易。

在上述三家现存的大数据交易中心中，武汉东湖大数据交易中心是我国首家以"东湖"命名的数据交易中心。由于企业的大力推动以及政府的大力扶持，我国大数据产业在发展初期就已经呈现出了良好的发展势头，三家大数据交易中心中已有两家在交易中心成立当日就实现了首笔数据成功交易的开门红。其中武汉东湖大数据交易中心基于"大数据+产业+金融"的业务发展模式，自成立当日就完成了以"基于政府公开数据和互联网的中小企业综合评估"为交易内容的首笔成交记录，交易额是8.6万元；而华东江苏大数据交易中心亦于上线当日完成了成交额6.2万元的首笔交易。

3. 大数据交易所

与之前的大数据交易平台和大数据交易中心不同，大数据交易所则是由政府主导所成立的更全面、更完整的数据交易服务机构。大数据交易所一般通过提供线上、线下各种方式，提供完整的数据交易、支付、结算和安全保障等综合服务，而且其服务范围更偏向于交易管理和交易撮合。截至2015年底我国正式运营的大数据交易所共有四家，包括：贵阳大数据交易所（2015-04-14）、武汉长江大数据交易所（2015-07-22）、西咸新区大数据交易所（2015-08-28）和华中大数据交易所（2015-11-27）。

（1）贵阳大数据交易所。

2015年4月14日，全国首个大数据交易所——贵阳大数据交易所挂牌运营（贵阳大数据交易所是经贵州省政府批准成立的全国第一家以大数据命名的交易所，主要股东包括贵阳阳光产权交易所、九次方大数据公司、北京亚信数据有限公司、郑州市迅捷贸易有限公司和贵阳移动金融发展有限公司，注册资本金为 5000 万元。①），大数据交易商（贵阳）联盟成立，并成功完成首批大数据产品交易，这是贵阳大数据产业发展史上的又一里程碑。

交易方式：贵阳大数据交易所交易的数据是基于底层数据，并通过数据的清洗、分析、建模、可视化后的结果。面向全国提供数据交易服务，旨在促进数据流通，规范数据交易行为，维护数据交易市场秩序，保护数据交易各方的合法权益，向社会提供完善的数据交易、结算、交付、安全保障、数据资产管理和融资等综合配套服务。②

覆盖面：贵阳大数据交易所面向全国提供数据交易服务，其覆盖面较广。并且，如今已有百余位交易商会员，其中有 50 家企业来自贵阳本地，另有 70 多家来自省外。截至 2015 年 12 月 21 日，接入贵阳大数据交易所的数据源公司超过 100 家，数据总量超过 10PB，已发生实际交易的会员超过 70 家。③

运营模式：贵阳大数据交易所实行会员制，只有那些具有会员资格的企业才能通过大数据交易所实现大数据交易。

成交记录：2015 年 4 月 14 日该平台已经实现了卖方（深圳市腾讯计算机系统有限公司和广东省数字广东研究院）和买方（京东云平台和中金数据系统有限公司）的首次数据交易，标志着全国首个大数据交易所正式投入运营。截至 2015 年 12 月 21 日，贵阳大数据交易所交易金额已突破 6000 万人民币。

贵阳大数据交易所拥有十大标准及九大规范：十大标准分别指数据格式标准化、数据质量认证体系、数据交易定价体系、数据衍生金融数据、数据安全防范体系、数据监管体系、数据源追溯体系、数据交易信息披露、市场主体考核评价和交易所法律框架；九大规范指交易内容（交易的不是底层数据，而是数据清洗建模分析的数据结果）、交易资格（实现会员交易

---

① 贵阳大数据交易所挂牌运营 已纳入百余交易商［EB/OL］. 中国广播网，2015-04-15.
② 贵阳大数据交易所挂牌运营［N］，贵阳晚报，2015-04-15.
③ 贵阳大数据交易所交易金额突破 6000 万元［EB/OL］. 新华网，2015-12-22.

制，必须审核通过为会员，才有数据买卖资格）、交易时间（实现了 365 天，7×24 小时不休市的大数据交易市场）、交易品种（交易品种达 30 多种，比如金融大数据、医疗大数据等）、交易价格（数据定价分为三种模式：协议定价、拍卖定价、集合竞价）、交易格式（交易的数据分为三种格式：API 数据接口、数据终端、在线）、交易融合（买方在交易所购买的数据是融合了众多数据卖方的数据源）、交易确权（数据买卖双方要保证数据所有权、合法、可信、不被滥用）、交易费用（交易所收入数据卖方的 40%，数据买方不收取任何费用）。

（2）武汉长江大数据交易所。

7 月 22 日，中国首批大数据交易所之一——武汉长江大数据交易所正式挂牌成立。该交易所是由武汉市政府发起并批准设立，由北京亚信数据有限公司、武汉光谷联合产权交易所有限公司，湖北省科技投资集团有限公司共同出资成立，是武汉互联网+创新的重要成果，旨在打造独立第三方数据交易平台。① 这既是湖北省武汉市大数据发展的一件大事，也是整个华中地区大数据发展的里程碑事件。② 长江大数据交易所将为数据流通搭建平台，将数据提供方、数据需求方、数据技术服务商、数据咨询服务商凝和在一起，以解决要素整合、交易成本过高、信息孤岛以及供需两端不匹配等各项问题。③

交易方式：长江大数据交易所旨在打造具有公信力的第三方数据交易平台，通过市场化的手段来解决数据流通和合作的问题，为不断涌现的创新大数据方案提供多方数据资源，为数据产品和服务提供价值实现的渠道，让数据产生的价值传递到产业链的各个环节，形成良性循环，带动整个产业链的流通与成长。④

覆盖面及规模：由于目前企业能做的事情有限，因此，长江大数据交

---

①② 亚信数据：长江大数据交易所正式挂牌成立［EB/OL］. http://www.asiainfodata.com/news_detail/newsId%3D53.html，2015-07-23.
③ 长江大数据交易所打造全行业、全流通平台［EB/OL］. 荆楚网，2015-10-30.
④ 长江大数据交易所创新服务光博会［EB/OL］. 网易科技报道，2015-11-13.

易所旨将各分散要素集合起来，融合大数据研究机构和数据源的供需双方，把本地、长江流域、华中地区乃至全国的分散的数据资源聚集起来，打造数据交易的"俱乐部"，并有望将全国企业整合起来，形成有效的产业链。①

运营模式：长江大数据交易所的业务模式主要包括数据集、数据应用方案、数据处理技术、数据处理资源四种内容，以及即时数据服务、数据产品交易、数据出租服务三种形式。该交易所在促进数据流通的同时，通过运用各种法律法规来维护市场交易秩序、保护交易各方的合法权益、规范数据的交易行为。同时组织会员单位、联盟成员一起制定各行业领域的大数据标准、规则和安全规范。②

成交记录：截至2015年11月11日，长江大数据交易所已经撮合26笔交易，成交额达到近百万元，光博会场馆正在使用的位置信息大数据服务就是大数据交易成功落地的典型案例。③

（3）西咸新区大数据交易所④。

2015年8月28日，由西咸新区和美林数据等联合成立，并将以政府为支撑、企业为基因、充分激活陕西乃至西北大数据产业的大数据交易所——陕西省"西咸新区大数据交易所"正式挂牌，这标志着国内首个围绕"一带一路"经济带的大数据交易平台成立，这将对陕西省大数据产业发展提升加速，提高整个西北地区的大数据产业竞争力，支持国家"一带一路"发展战略具有十分重要的战略意义。

交易方式：西咸新区大数据交易所在数据交易基本服务的基础上，将更加注重数据挖掘所得价值的二次利用。同时，该交易中心首次提出个人大数据资源交易的业务计划，通过价值交换获取海量个人数据，并对数据进行价值挖掘，实现数据为人所用、数据服务于人的新理念。

---

① 长江大数据交易所打造全行业、全流通平台 [EB/OL]. 荆楚网，2015-10-30.
② 亚信数据：长江大数据交易所正式挂牌成立 [EB/OL]. http：//www.asiainfodata.com/news_detail/newsId%3D53.html，2015-07-23.
③ 长江大数据交易所创新服务光博会 [EB/OL]. 网易科技报道，2015-11-13.
④ 陕西省"西咸新区大数据交易所"正式挂牌成立 [EB/OL]. 中金网，2015-08-29.

第 7 章　中国大数据产业和大数据交易现状分析

覆盖面：西咸新区大数据交易所整合政府、企业、公共服务等多方面数据资源，围绕"一带一路"开展国际数据资源的共享融通，支撑国内数据资源的互通交易。

西咸新区大数据交易所将以政府为支撑、企业为基因，充分激活陕西乃至西北的大数据产业，为国家的"一带一路"倡议的发展推进做好强有力的支撑。

（4）华中大数据交易所。

2015 年 11 月 27 日，华中大数据交易所在武汉大学珞珈创意园挂牌开业，该交易所是由北京东华软件股份公司等 3 家北京 IT 企业注资 1 亿元成立，随后我省国有和民营资本相继入股，并经过湖北省政府批准设立的全国首个跨区域、标准化、综合性的大数据交易平台。[①] 该交易所的成立可使用户买卖数据资源信息，实现大数据资本化。值得推崇的是该交易所自助研发的"湖北版"大数据交易标准，包含交易安全、文件格式、管理条例和交易行为规范四部分，涉及"数据清洗"（去除无效信息）和"脱敏"（过滤个人隐私等敏感信息）等上千条细目，填补了国内大数据交易标准的空白，并获得中国信息协会大数据专家委员会认可。

交易方式：华中大数据交易所作为国内目前唯一的大区级大数据交易所和综合实时交易平台，不仅提供原始数据集，还提供实时数据（API）和基于数据分析的智力成果。此外，还能向客户提供数据采集、数据挖掘和数据分析、数据建模等服务。[②]

覆盖面："湖北版"大数据交易标准经过进一步完善更新后，值得向全国推广。"中国信息协会大数据分会常务副会长傅伯岩表示，现在已有个人用户利用交易所销售"互联网金融英文视频""考研备考习题"等资料。未来，普通百姓都可以把收藏的论文文献、拍摄的照片、录制的视音频文件等数据资源上传到交易所，让大数据共享。[③]

---

① 华中大数据交易所正式挂牌落子武汉［EB/OL］. 市商网，2015-11-27.
② 华中大数据交易所国内首发大数据行业标准［EB/OL］. 新民网，2015-11-28.
③ 华中大数据交易所正式挂牌落子武汉［EB/OL］. 市商网，2015-11-27.

运营模式：交易所通过设立数据大小、数据来源、数据使用率等20多个维度来评价数据产品价格，也为交易所探索"佣金"盈利模式提供参考。①

成交记录：华中大数据交易所于2015年7月试运营，已有超过600笔交易。其中，湖北移动公司出售的产品"湖北景区旅游客流量数据"销量最高。

华中大数据交易所自成立之初就以实现"规范化、标准化、科学化和优质化"为目标，大力推动大数据交易的标准化建设。另外，华中大数据交易所自行编制并发布了《大数据交易安全标准》《交易数据格式标准》《大数据交易行为规范》《大数据交易管理条例》四个大数据交易标准，力促我国大数据标准化的创新与发展。②

在现存的四家大数据交易所中，贵阳大数据交易所是我国成立的首个大数据交易所，西咸新区大数据交易所是国内首个围绕"一带一路"经济带的数据交易所，而华中大数交易所则是我国首个跨区域标准化综合性大数据交易平台。相比较之前的大数交易平台和大数据交易中心的整体发展程度和交易规模，截至2015年底，我国大数据交易所则获得了更加可喜的交易成果：贵阳大数据交易所已经实现交易金额突破6000万元人民币；长江大数据交易所撮合26笔交易，交易金额达近百万元；华中大数据交易所自7月试运营起已有超过600笔交易，并以湖北移动公司出售的产品"湖北景区旅游客流量数据"销量最高。此外，我国大数据交易所亦提出了有关大数据交易的交易规则和政策，比如贵阳大数据交易所提出了大数据交易规则，该规则包括十大标准和九大规范；华中大数据交易所则发布了《大数据交易安全标准》《交易数据格式标准》《大数据交易行为规范》《大数据交易管理条例》四个大数据交易标准，这些都为我国大数据交易的顺利进行提供了政策依据和借鉴，为大数据产业的快速高效发展提供了保障。

---

① 华中大数据交易所落户武汉 首发大数据交易标准［N］.湖北日报，楚天金报，长江日报，2015-11-27.

② 华中大数据交易所国内首发大数据行业标准［EB/OL］.新民网，2015-11-28.

7.2.2 我国大数据交易市场组织形式的比较

1. 三者之间的共性

大数据产业作为一种新型的产业，在近几年的发展过程中备受政府和企业重视。就目前大数据交易市场中所出现的这三种不同的组织形式，其推动者亦不乏政府和企业这两个关键部门。通过政府的批准和相关政策支持以及企业的注资，使大数据交易平台、大数据交易中心和大数据交易所这三种不同形式的交易机构服务于数据流通，从而更好地促进我国大数据产业的发展。当然，交易中所涉及的数据都是经过脱敏处理的不含个人隐私，不危害国家安全的"清洁"数据。

2. 三者之间的区别

(1) 推动的重心单位不同。

三者的推动单位均涉及政府和企业，但是其相应的侧重点不同。

大数据交易中心一般都是由企业注资或者企业与政府共同投资，并经政府批准成立的，推动主体更侧重于企业，业务性质更倾向于大数据的商业应用。比如河北大数据交易中心由承德市人民政府与北京数海科技有限公司成立，河北省人民政府批准成立的，华东江苏大数据交易中心以省市合作的盐城大数据产业园为起点，经江苏省金融办批准设立的。

大数据交易所的推动单位则一般是由政府批准企业注资成立的，推动主体侧重于是由政府主导成立的更全面、更完整的数据交易服务机构。比如贵阳大数据交易所是由贵州省政府批准加企业股东入股成立；武汉长江大数据交易所是由武汉市委市政府的指导和支持，东湖区各领导的努力，企业出资成立的；西咸西区大数据交易所则是由西咸新区与美林数据等大数据企业联合成立企业成立的；华中科技大数据交易所则是由企业注资、国有和民营资本入股，并经湖北省政府批准设立的。

(2) 交易方式不同。

大数据交易平台主要是通过应用程序接口 API 进行数据录入、检索、调用，为政府机构、科研机构等部门乃至个人提供数据交易和使用，比如中关村数海大数据交易平台和湖北大数据交易平台均是如此。

大数据交易中心一般是通过电子交易的方式，通过提供更便捷和完善的数据交易服务平台，以市场为主导对数据进行分析和处理，促进数据信息的流通，从而最大化数据资源的效用。

大数据交易所的交易方式一般通过提供线上、线下各种方式，提供完整的数据交易、支付、结算和安全保障等综合服务。比如：贵阳大数据交易所交易的数据是基于底层数据，并通过数据的清洗、分析、建模、可视化后的结果；武汉长江大数据交易所通过市场化手段解决数据流通和合作的问题，为不断涌现的创新大数据方案提供多方数据资源，为数据产品和服务提供价值实现的渠道；西咸新区大数据交易所则在数据交易基本服务的基础上，注重数据挖掘所得价值的二次利用。

（3）业务范围不同。

大数据交易平台仅作为数据交易管道，属于第三方平台，旨在促进双方交易的实现和交易流程的管理。

大数据交易中心主要通过搭建更高的数据服务平台，提供更加全面和深入的大数据交易服务，业务面比数据交易平台更广，交易对象不仅包括政府企业，而且也包括创业型微小企业，比如武汉东湖大数据交易中心的业务就涵盖了原数据交易、预处理交易、算法交易、数据采购等多种形式，并在行业垂直市场领域和数据金融资产化方向提供多项综合服务，服务对象包括企业、政府以及个人；河北大数据交易中心则开展了数据资产登记、数据资产托管管理、数据商品交易、数据资产交易、数据资产金融产品设计服务、金融杠杆数据设计及服务、数据资产证券化、数据资产权益类交易等业务，服务对象涉及政府部门、科研机构、电商企业以及创业型小微企业；华东江苏大数据交易中心则涵盖数据交易、预处理交易、算法交易及大数据分析、平台开发、技术服务、数据定价及采购、数据金融、交易监督等综合服务。由此可见，相比较于大数据交易平台，大数据交易中心的业务服务范围更宽，辐射面更广。

大数据交易所的服务范围更偏向于交易管理和交易撮合，比如贵阳大数据交易所向社会提供完善的数据交易、结算、交付、安全保障、数据资产管理和融资等综合配套服务；武汉长江大数据交易所则是聚集分散数据，通过数据服务、数据产品交易和出租等形式使数据产生的价值传递到产业的各环节；而华中大数据交易所则不仅提供原始数据集，还提供实时数据（API）和基于数据分析的智力成果以及向客户提供数据采集、数据挖掘和数据分析、数据建模等服务。

（4）发展的侧重点不同。

大数据交易平台更注重为大数据交易提供良好的服务平台和交易环境。

大数据交易中心则旨在完善本身的业务覆盖面，打造一个能全方位、多角度服务大众的数据交易中心，助力大数据产业转型和升级。比如武汉东湖大数据交易中心试图建成全国重要的大数据资产采集加工中心、大数据资产交易中心、大数据资产定价中心、大数据资产金融服务中心、大数据资产管理中心和大数据资产质量监控中心；而河北大数据交易中心则试图通过解决目前数据产业发展过程中所面临的问题，为数据产业发展构建良好的产业环境；而华东江苏大数据交易中心亦将通过努力，增强其便民服务的应用范围。

大数据交易所更强调通过大数据交易对一个区域和整个数据产业发展的影响，更注重大数据给宏观经济发展带来的作用和影响，涉及面比较宏观。比如贵阳大数据交易所通过提供数据交易服务旨在促进数据流通，规范数据交易行为，维护数据交易市场秩序，保护数据交易各方的合法权益；武汉长江大数据交易所旨在通过将数据产生的价值产地到各产业链中，进而带动整个产业链的流通与成长；西咸新区大数据交易所则希望激活陕西乃至西北的大数据产业，为国家的"一带一路"倡议的发展推进做好强有力的支撑。

（5）发展程度不同。

大数据交易平台目前还未有成交记录，同时也并未明确提出相关交易规则和交易标准，其发展步伐较缓。

大数据交易中心所涉及的三家中首次截至2015年底已有两家成功实现交易，其中武汉东湖大数据交易中心的交易额为8.6万元，华东江苏大数据交易中心首次交易额为 6.2 万元。

大数据交易所则发展更为全面，服务设施亦较前两者更加完善。截至 2015 年底，贵阳大数据交易所已交易金额突破 6000 万人民币，并且拥有十大标准及九大规范，对数据质量认证、数据交易定价体系、数据金融衍生数据、数据安全防范和监管体系等做了明确的规定和要求；武汉长江大数据交易所已经撮合 26 笔交易，成交额达近百万元；华中大数据交易所亦已有超过 600 笔交易，并大力推动大数据交易的标准化建设，而且发布了《大数据交易安全标准》《交易数据格式标准》《大数据交易行为规范》《大数据交易管理条例》等四个大数据交易标准，力促我国大数据标准化的创新与发展。

7.2.3 我国大数据交易市场特征分析

随着我国大数据交易市场的不断发展和完善，也呈现出了相应的特征：

1. 地域性较强

随着我国首个大数据交易平台的落户，在短短的一年时间内，我国大数据交易平台、大数据交易中心和大数据交易所共计十家已在全国各地纷纷成立，发展势头之迅猛如雨后春笋锐不可当。但各地区间横向交流联系较差，距区域共同市场要求还远。

2. 大量数据源未被激活

在数据产业发展初期，大量数据源未被激活是数据交易市场供需两端的显著特征，而这主要是因为大多数数据拥有者没有数据价值变现的路径。比如各医疗健康类 APP 收集了大量的数据，但没有像 Sermo.com 那样面向医药公司售卖数据。

3. 需求端覆盖面不广

目前，在我国大数据交易过程中，数据交易需求端主要以互联网企业为主，其覆盖面较窄，尤其在 O2O 趋势下，大型互联网厂商积极引入外部数据支撑金融、生活、语音、旅游、健康和教育等多种服务。但是，与国外相比覆盖面偏窄，我国的政府、公共服务、农业应用基本缺位，而电信和银行业缺少与外部数据的碰撞。

4. 高价值数据将逐渐对外提供服务

随着大数据产业的发展，诸多企业开始基于自身的海量高价数据将对外提供服务。比如阿里巴巴网络技术有限公司开始做金融行业的数据分析应用，中国民航信息网络股份有限公司通过"航旅纵横"提供航班信息服务。[1]

7.2.4 我国大数据交易市场发展面临的主要问题

我国的数据交易市场发展还处于起步期，面临很多困难。大量拥有数据的企事业单位，不敢或不愿意把数据拿出来交易，数据需求方也没有建立起在公开市场上购买数据的模式，因此，在短期内难以形成供需两旺的局面。概括起来，目前大数据交易市场存在以下几个方面的问题。

1. 对数据具备交易的属性认识不到位

首先，近年来，非法信息买卖的问题使得正当的数据交易受到较大的舆论压力。对个人信息的流通严加监管，但个人信息相关的数据只是多种数据中的一种，大量有价值数据类型，都不会涉及用户隐私，交易不会侵犯用户隐私。但以往由于舆论一边倒的施以高压，使得数据交易活动纷纷转向地下，进一步给黑市数据买卖提供了土壤。其次，对数据价值属性认知存在差异。数据交易目的是促进数据流通与数据价值化，但是不同数据拥有者对数据资产的价值和风险认知存在较大差异，很多数据拥有者不放心让自身的数据进入流通环节，担心用户隐私或企业机密的泄露。再次，对数据价值的溢出效应认知不足。数据拥有者无法意识到自身数据的资产属性，缺乏足够的动力将自己的数据公开。政府、企业或组织都还未充分认识到引入外部数据可以对自身工作或业务起到巨大的提升作用。最后，数据资源独占意识强烈。大多数据源企业仍然较为关注自己的小生态圈，尤其是一些大型企业往往不愿意把自己的数据资源向自己业务圈外的市场

---

[1] 杨琪，龚南宁. 我国大数据交易的主要问题及建议[J]. 大数据，2015-09-01.

提供，从而形成了多个规模和性质各异的数据封闭生态。

2. 数据产权的界定不清晰

清晰的产权界定是数据交易市场建立和发展的前提之一。数据拥有方不愿或不敢把数据拿出来交易，一个很重要的原因是数据权利不清晰。商户在电商平台上的交易数据、用户在运营商网络里的行为数据，应该属于平台或运营商，还是属于用户，法律上还很难界定清楚。科斯认为，在交易费用可忽略不计的情况下，不管产权谁属，只要产权有清晰界定，市场交易可以使得资源配置达到最优。贵州数据交易所确立了交易原则，其中之一"数据买卖双方要保证数据所有权、合法、可信、不被滥用"。在开业五个多月的时间里，贵阳交易所完成了千笔数据交易。但各方对于数据所有权目前并没有统一的看法。其中最具有争议性的，是基于原始的用户数据，在去除个人身份属性之后的数据产权问题。

3. 可交易数据的范围模糊

目前由于缺乏相关政策的明确界定，可交易数据范围边界不清，诸如个人数据能否买卖争议最大，是否一律禁止交易，还是在取得用户授权情况下可以交易，还需要进一步讨论。个人数据匿名化后是否可以交易？匿名化强度应该如何确定？个人数据之外，还有企业商业秘密、国家安全信息、其他法律规定的特定内容也属于禁止交易范围，但具体范围还需细化规定。

4. 大数据交易市场缺乏交易规则和标准

从目前我国大数据交易市场来看，尚无一套完整的交易规则和标准。因此，迫切需要对大数据交易内容、交易标准、交易品种、交易确权等作出明确的规则和标准。

5. 数据的质量评价、估值与定价问题有待商榷

数据资产是一种无形资产，而且内容千差万别，如何评价数据质量还是一个开放性问题。数据质量可以映射到其价值上，一般来说质量高价值也高，因此数据质量可近似等价于价值。目前成熟的无形资产价值评估通常有三种方法，重置成本法、收益现值法、市场比较法。但是，上述三种

评估方法并不能完全符合市场的交易规律，所以无法很准确地量化数据资产的真正价值。需要根据数据资产所属行业特点、数据资产特征、应用环境、商业模式等多角度综合分析数据资产价值维度，从而提取量化指标，建立适合不同行业、不同属性的数据资产价值评估模型，这方面的研究也刚刚开始，需要较长时间才能逐步成熟。

第 8 章
大数据驱动中国经济高质量发展的障碍分析

8.1 单纯追求"数据规模大"

大数据主要难点不是数据量大,而是数据类型多样、要求及时回应和原始数据真假难辨。现有数据库软件解决不了非结构化数据,要重视数据融合、数据格式的标准化和数据的互操作。采集的数据往往质量不高是大数据的特点之一,因此应尽可能提高原始数据的质量。目前,大数据相关科学研究的最大问题就是采集的数据可信度差,基于可信度很差的数据难以分析出有价值的结果。

一味追求数据规模大不仅会造成浪费,而且效果未必很好。多个来源的小数据的集成融合可能挖掘出单一来源大数据得不到的大价值。应多在数据的融合技术上下功夫,重视数据的开放与共享。所谓数据规模大与应用领域有密切关系,有些领域几个PB的数据未必算大,有些领域可能几十TB已经是很大的规模。

发展大数据不能无止境地追求"更大、更多、更快",要走低成本、低能耗、惠及大众、公正法治的良性发展道路,要像现在治理环境污染一样,及早关注大数据可能带来的"污染"和侵犯隐私等各种弊端，未雨绸缪，走高质量发展之路。

8.2 过分强调"技术驱动"

新的信息技术层出不穷，信息领域不断冒出新概念、新名词，继"大数据"以后，"认知计算""可穿戴设备""机器人"等新技术又会进入炒作高峰。习惯于跟随国外的热潮，往往不自觉地跟着技术潮流走，最容易走上"技术驱动"的道路。实际上发展信息技术的目的是为人服务，检验一切技术的唯一标准是应用。我国发展大数据产业一定要坚持"应用为先"的发展战略，坚持应用牵引的技术路线。技术有限，应用无限。各地发展云计算和大数据，一定要通过政策和各种措施调动应用部门和创新企业的积极性，通过跨界的组合创新开拓新的应用，从应用中寻找出路，避免盲目追求"技术驱动"。

8.3 抛弃"小数据"应用的实际

流行的"大数据"定义是：无法通过目前主流软件工具在合理时间内采集、存储、处理的数据集。这是用不能胜任的技术定义问题，可能导致认识的误区。按照这种定义，人们可能只会重视目前解决不了的问题，如同走路的人想踩着自己身前的影子。其实，目前各行各业碰到的数据处理多数还是"小数据"问题。因此应重视实际碰到的问题，不管是大数据还是小数据。

统计学家们花了200多年，总结出认知数据过程中的种种陷阱，这些陷并不会随着数据量的增大而自动填平。大数据中有大量的小数据问题，大数据采集同样会犯小数据采集一样的统计偏差。Google 公司的流感预测这两年失灵，就是由于搜索推荐等人为的干预造成统计误差。

大数据界流行一种看法：大数据不需要分析因果关系、不需要采样、不需要精确数据。这种观念不能绝对化，实际工作中要逻辑演绎和归纳相结合、白盒与黑盒研究相结合、大数据方法与小数据方法相结合。

8.4 忽视大数据平台建设成本

目前全国各地都在建设大数据中心，吕梁山下建立了容量达 2PB 以上的数据处理中心，许多城市公安部门要求存储 3 个月以上的高清监控录像，这些系统的成本都非常高。数据挖掘的价值是用成本换来的，不能不计成本，盲目建设大数据系统。什么数据需要保存，要保存多少时间，应当根据可能的价值和所需的成本来决定。大数据系统技术还在研究之中，美国的 E 级超级计算机系统要求能耗降低 1000 倍，计划到 2024 年才能研制出来，用现在的技术构建的巨型系统能耗极高。

8.5 数据资源流动不畅

数据产业发展的动力首先来自于数据流动，尤其是跨行业、跨部门，甚至跨地域的数据流动与共享。但长期以来，我国信息化建设的标准体系和规范缺失，信息系统之间的互操作性非常低，数据标准和格式不统一数据开放和共享程度低，"数据割据""数据孤岛"和"碎片化"的现象非常普遍，导致跨行业、跨部门的数据共享不畅，有价值的公共资源和商业数据基本处于死锁状态，无法顺畅流动。究其原因，主要根源于三个方面。从个人层面来看，只要个人隐私权、数据安全得不到有效的保障，想要个人数据实现商业化将会困难重重。而目前国内有关隐私权、数据保护方面的相关法律法规并不健全，这就在很大程度上制约了个人数据的商业价值的挖掘。从政府层面看，我国政府及公共机构数据封闭、流通不畅，大量有价值的数据仍未完全开放共享，已开放共享的数据存在时效性低、机器可读性差、权益不清等问题，数据流动共享仍然需要政府加强引导。从企业层面看，我国数据产业和市场还不成熟，很多企业拥有的数据都是片段数据，很难形成完整的、具有商业价值的数据。数据质量与需求相比还有较大差距。数据源之间往往处于孤立存在状态，缺少流动和整合。很多需要数据的企业在利用数据之前需要做大量数据采集和处理的工作，整合效率低，整合难度非常大，直接导致数据使用成本过高，商业价值降低。

8.6 大数据领域缺乏领军企业

当前，我国大数据产业还处于发展早期，主要以中小企业为主，企业人数从几十人到几百人不等，分布于各个细分领域之中，竞争非常激烈，很少有营业收入超过10亿元的大企业。由于产业处于极度分散状态，优秀人才分布于不同的中小企业，很难形成合力，大部分垂直行业尚未出现可以建立行业标准、领导行业发展的骨干企业。另外，大多数企业停留在对基础软件的研发上，而很少有对核心产品软件的开发与攻关，由于缺乏技术型的初创企业，因此尚未形成多层次的大数据产业生态系统。

从主导数据产业生态建设的领军企业看，我国与发达国家还有较大差距，目前还没有此类企业。目前，美国、英国、澳大利亚等发达国家已经走在大数据布局的前列，美国不仅占据全球技术制高点，而且作为全球理论原创地和产业先锋队，对全球大数据产业的发展方向有较深影响。相比较以美国等地区为代表的国外大数据产业生态圈，国内目前还处于基本自给自足的"农业时代"，整个生态圈的建设与培养仍有较大进步空间。领军企业缺失使得国内难以形成大数据产业生态，大量的相关企业依附于国外产业生态，很难进入核心层，直接制约企业壮大和技术能力提升。

造成我国缺乏大数据领军企业的原因在于：一方面，国内数据产业发展与电子商务、互联网金融、网络游戏、线上线下（O2O）等生活服务类业态结合较紧，而与制造业、农业生产等生产领域的结合较弱，垂直领域很难形成具有一定规模和竞争力的大数据企业。另一方面，与国外相比，我国从事数据产业的企业主要是从传统的IT企业转型过来的企业和一些新兴的初创企业。传统的IT企业才开始尝试涉足大数据领域，其产品和服务多是基于原有业务开展，发展水平有限，远远比不上国外的这类企业。初创企业受限于数据资源和商业模式，还要面对互联网企业的并购行为，竞争实力尚显不足，规模过小，也无法成为领军企业。唯一具有竞争性的互联网企业，却没有占据核心软件产品为主导的生态系统，难以引领数据产业的发展。此外，由于政府由于在数据产业发展中表现的非常积极主动，而作为市场主体的企业相对而言跟进速度滞后，如何扩大市场空间，调动企业积极性成为数据产业发展的核心。

8.7 大数据人才匮乏

数据产业的发展和竞争归根结底取决于数据人才队伍建设。我国目前大数据人才严重匮乏，主要表现为供求严重失衡。首先，大数据人才的供给不足。数据产业发展需要大量的复合型人才，这些人才主要来源于两个方面。一部分是原来从事信息技术、统计分析、计算科学等相关工作的人员转型而来，这类人员往往具有较强的实践经验，是当前我国数据产业发展的核心骨干。另一部分主要依靠高等院校由计算机学院、软件学院培养而来，这部分学生需要对数学、统计学、数据分析、机器学习和自然语言处理等多方面知识综合掌握才能满足产业发展需求。但目前国内数据人才队伍不足，远不能满足发展需要，尤其是缺乏既熟悉行业业务需求，又掌握大数据技术与管理的综合型人才。在大数据人才供给方面远远跟不上大数据产业的发展步伐，在一定程度上制约了大数据产业的发展。其次，大数据的发展对于人才的需求剧增。随着大数据产业的发展，对于大数据人才的需求越来越大。未来，随着数据产业的快速发展，我国数据人才的需求量将更大，而人才供给则有断档的可能。有机构估计，我国未来五年大数据人才缺口将高达130万左右，大数据平台运维与开发、数据分析、数据安全等专业人才供求矛盾十分突出：具备扎实理论基础，又有业务实践经验的大数据高层次人才奇缺。

8.8 大数据技术创新与支撑能力整体不足

我国关键数据技术的创新和开源生态建设方面还处于跟随状态，相关企业主要基于已有的开源平台进行优化和构建适合自身业务需求的大数据平台，缺乏构建产业生态的技术实力和资金支持，无法真正掌握数据产业话语权，涵盖数据采集、就加工、管理、分析和应用全链条的大数据产业生态体系还需要加大力度培育。此外，从技术支撑能力来看数据产业涉及数据采集、清洗、存储、挖掘等一系列过程，我国本土软件企业技术积累薄弱，在底层架构和核心算法方面不具备优势，且尚不掌握核心的数据技术，真正能主导构建数据产业生态的企业尚未出现。我国目前具备数据深度挖掘能力的企业普遍集中于大型互联网企业，但是这些互联网企业的技术外溢性较差，一般是服务于企业内部或自身业务。真正的与生产领域息息相关的数据企业还不多，技术创新和支撑能力也有限。

8.9 数据标准化建设缓慢

大数据是依靠新一代信息技术支撑的,技术进步所释放的驱动力在大数据产业发展中起到了至关重要的作用。尽管目前我国大数据产业发展态势良好,但是毋庸讳言,我国整体的信息技术水平特别是大数据技术相较于西方发达国家仍然非常落后。我国信息通信业在关键技术、核心设备和网络基础资源等方面受制于人的局面仍未能得到根本改善,在信息技术领域,在未来很长一个时期内都会处于明显劣势地位,而技术创新与支撑能力不足则会严重制约大数据产业的向前发展。我国大数据产业的技术创新与支撑能力不足主要体现在三个方面:一是缺乏核心技术。二是产业链构建不完整。大数据产业的发展需要从底层芯片到基础软件再到应用分析软件等信息产业全产业链的支撑,从事目前国内无论是新型计算平台、分布式计算架构,还是大数据处理、分析和呈现方面与国外均存在较大差距,难以满足各行各业大数据应用需求。三是大数据产业生态体系建设滞后。我国关键数据技术的创新和开源生态建设方面还处于跟随状态,相关企业主要基于已有的开源平台进行优化和构建适合自身业务需求的大数据平台,缺乏构建产业生态的技术实力和资金支持,大数据产业生态体系建设滞后,无法真正掌握数据产业话语权,涵盖数据采集、加工、管理、分析和应用全链条的大数据产业生态体系还需要加大力度培育。

8.10 数据开放进程缓慢

政府部门使用公共财政资金建设了大量的信息系统,产生和收集了大量的高价值数据，政府数据开放是促进数据产业发展的重要方面。美国、英国、新加坡等众多国家纷纷通过建立统一数据开放门户，向公民提供政府数据，促进数据产业发展。目前，我国尚未建立全国统一的数据开放门户，虽然北京、上海等一些地方政府已经尝试建立了省市一级的数据开放门户，但总的来说我国数据开放的程度比较低，数据种类不够丰富和数据质量还有待提高，数据流通不畅问题比较突出。

我国超过80%数据都在政府手中，如果这些数据得到有效地开发和利用，将会发挥巨大的作用。但是截至2015年6月，中国地方政府的开放的数据机器可读率仅达84.1%。各地方目前普遍发布的都是静态数据（更新频率为一年或不定期），比例高达86.25%。少部分承诺将更新的数据也未能按承诺进行更新。各地方平均仅有17.21%的数据按承诺得到了更新，其中，无锡是各地方中按承诺更新比例最高的，达到62.5%[①]。

造成此类问题的原因是多方面，归纳总结有以下两点。其一，政府主动进行数据开放的动力不足。一方面，有些政府数据的质量并不高，不同委办局的数据可能存在不一致的情况，数据一旦开放出来，可能造成负面影响。另一方面，政府数据开放很难在短期内形成成果，无法带来"政绩"，"多一事不如少一事"的思想比较重。其二，对数据开放的认识还不到位。一些地方政府片面地认为数据开放就是把数据公开出来。实际上，数据开放是一项系统性工程，涉及数据的机器可读、数据格式、数据许可、数据接口等问题。例如，数据开放需满足机器可读原则，而非一般的数据。美国联邦政府认为，以开放、标准和机器可读格式发布公共数据是一种最佳实践。2013年5月，奥巴马发布的《开放政府数据并让机器可读》行政令，明确要求开放政府数据必须默认以机器可读的格式对公众提供。[②] 美国联邦政府管理和预算办公室发布了主题为《开放数据政策——将信息作为资产进行管理》的备忘录，再次强调了机器可读是数据可获得性的基础，

---

① 复旦大学数字与移动治理实验室和开放数据中国联合推出的"中国开放数据探显镜"报告。
② U.S. Whitehouse, Making Open and Machine Readable the New Default for Government Information, 2013.

同时有利于下游的信息处理和传播活动。①

对于数据产业的发展现状和面临的问题进行详细分析,有助于掌握大数据当前的发展情况,从而推动大数据的进一步推广和应用,促进我国大数据健康有序的发展,增强我国数据产业在国际上的竞争力。

---

① Office of Management and Budget, Open Data Policy—Managing Information as an Asset (M-13-13), 2013.

第9章
加快大数据驱动中国经济高质量发展的对策建议

围绕创造驱动环境、夯实驱动基础、增强驱动能力、探索驱动机制四方面提出大数据驱动经济高质量发展的对策建议:

9.1 加快大数据驱动环境建设

应围绕贯彻落实党的十九大精神和中央经济会议部署,以推动我国经济实现高质量发展为主要目标,充分发挥我国目前在大数据领域的领先优势,加快编制推动大数据和实体经济驱动发展的政策文件,率先推出大数据驱动经济高质量发展的"中国方案"。应加大大数据发展意见和方案的政策密度,发挥政府在大数据驱动经济高质量发展过程中的引导作用,降低企业成本,鼓励企业创新,促进政策红利转化为企业红利。应加快数据开放进程,优化数据交易环节,推动数据流通,以丰富数据资源推动大数据驱动经济高质量发展:

一是科研环境。应结合大数据的产业特征和技术趋势,设立专门的大数据驱动经济高质量发展研究院,鼓励交叉机构之间开展合作交流,以竞争与合作兼容的方式汇聚研发能量,攻关驱动中出现的重点和难点问题。

应加快科研合作平台建设，通过政府搭台组织推动大型企业联合研发，鼓励大数据企业在战略、技术、标准、市场等方面展开沟通协作，以强强联合实现大数据关键技术突破和技术生态形成。应加强和改善科研人员工作和生活环境，提高大数据技术相关科研人员待遇，结合信息技术的科研特点和规律制订相关科研管理规定，赋予科研人员更大的自主权限，鼓励核心项目实现"揭榜挂帅"。

二是创新环境。大数据驱动经济高质量发展是一个正在探索的过程，存在一定的不确定性和风险。应加强营造崇尚创新、宽容失败的环境，培植大数据发展的创新文化，激发创新热情，形成鼓励创新的社会氛围。企业是创新的主体，应深化科技体制机制改革，增强各类企业的创新活力和创新动能，对大数据企业在政策、资金、项目等方面予以倾斜，让大数据企业轻装出行聚力创新。应充分发挥现有各类大数据平台优势，聚集与整合不同数据资源，产生关联和驱动效应，推动大数据应用走向深入，催生更多的新技术、新产业、新业态、新模式。应加大对大数据相关产品的支持力度，加强知识产品保护强度，在政府采购上，优先购买具有自主知识产权的产品，让大数据创新成果得到市场响应。

三是人才环境。科技的竞争是人才的竞争，人才的竞争是环境的竞争。应探索大数据人才的培养模式，把大数据综合试验区建设成一流人才载体平台，为不同领域、不同层次人才提供针对性服务，集聚和培养一流大数据人才。应创造人才有为有位的工作平台，在管理、评价、岗位等方面充分给予人才照顾，推动不同层次大数据人才与产业相容、与企业相互动、与项目对接，让人才的专业能力得以发挥。应充分解决人才的后顾之忧，关心关爱大数据人才的实际生活情况，在落户、住房、医疗、子女入学等实际问题上实现快速解决，让科研人员真正做到集中精力做科研。应积极聘请海外高层次人才，海外拥有信息技术领域的顶级人才，应高薪吸引海外高层次人才，积极聘请海外退休专家和技术人员，组成海外专家顾问团队参与项目研究和培训交流。

四是文化环境。本书提到的文化环境不是指文艺、新闻、影视等一般意义上文化活动环境,而是指我国国民的数据意识,可以理解为国民对数据的态度与认知。只有全社会都关注数据时,将数据意识提升到一定的高度,才能更好地利用数据这一种新的生产要素,才能更好地利用大数据驱动中国经济走向高质量发展。对此,要加大数据重要性的舆论宣传,强化数据是与物质、能源同等的战略性资源地位,创造一个良好的数据文化氛围,明确大数据对于我国经济社会发展的重要战略意义。信息技术发展至今,数据的应用已经扩展到我国各领域各行业,具有基础性、战略性、全局性,因此,要力争在全社会形成"用数据来创新,用数据来变革,用数据来发展"的文化氛围和时代特点。

9.2 加快建立完善大数据产业发展的相关法律制度

海量数据的收集、存储、整理、交易和共享是大数据产业的重要特征,一旦受到攻击,损失将十分巨大。世界正在被大数据改变,人们对于数据安全和个人隐私保护的意识并没有改变。同时,大数据产业数据来源更加多样化,数据对象范围与分布也更为广泛,然而法律对大数据安全保护能力十分有限,大数据安全及隐私保护的法律法规缺失,大大增加了我国大数据产业发展风险。习近平总书记指出"要维护网络空间安全以及网络数据的完整性、安全性、可靠性,提高维护网络空间安全能力"。虽然法律具有一定的滞后性,但是我们不能任由快速兴起普及的大数据产业发展,我国应该加快推进顶层设计和战略规划,健全完善制度法规体系,采取相应的数据安全及隐私保护措施,为我国大数据发展提供安全保障。一是进一步增强大数据安全防控意识,在加速推进基础设施和数据应用水平的同时,不断增强"防御、监测、评估、治理、运营"五位一体网络安全治理能力。二是抓紧研究制定我国大数据安全等级制度,加强数据资源在采集、传输、存储、使用和开放等环节的安全保护,构建完善的权限访问体系。三是做好大数据平台和服务商的可靠性及安全性评测、监测预警、风险评估等,严格大数据平台的准入机制,为大数据发展保驾护航。四是加快搭建我国大数据交易平台,规范数据交易的环节、步骤、措施、标准等,让数据在安全的交易环境中实现价值。

9.3 加快大数据人才培养

随着大数据产业的快速发展,对大数据的要求在逐渐由差异化发展为信息管理实践和技术的"最低门坎"。各地对大数据人才的需求持续增长,每个行业都需要大数据人才,人才紧缺已经成为制约该产业发展的突出问题,没有大数据技术支撑的企业,可能很容易被时代淘汰。据统计,未来我国基础性数据分析人才缺口将达到1400万。在人才竞争的如此激烈背景下,发展机遇多的地方总是能汇聚更多专业人才。因此,我国在大胆创新,积极制定吸引大数据时代人才的政策,同时为培养大数据人才提供政策支持。主要从以下四个方面深入贯彻吸引大数据人才的政策。一是在政策激励、提供发展平台、搞好服务等方面持续发力,实施大数据战略,制定针对性、操作性强的措施,吸引各地优秀人才。具备多层次、高素质的大数据专业人才队伍是发展大数据产业的一个重要前提,鉴于我国大数据专业人才队伍不足的现实,从当前紧迫性而言,要充分发挥政府的主动引领作用,积极实施人才引进战略,以大数据领域研发和产业化项目为载体,引进高端人才,还要完善配套措施,重点引进一批活跃在大数据技术发展前沿、国际领先水平的高端专业人才和团队。二是统筹各类教育资源,培养大数据重点领域关键核心技术研发人才,建立一批人才培养基地和人才实训基地,构建成批次、系统性的人才培养体系。从长期来看,要立足于依靠我国重点高校和科研院所培养输送,致力于培养和造就一支懂指挥、懂数据采集、懂数学算法、懂数学软件、懂数据分析、懂预测分析、懂市场应用、懂管理等的复合型"数据科学家"队伍。要培养和造就高素质的大数据应用人才。可以采取多元化培养方式,即:支持国内高等院校设置大数据相关学科、专业,培养大数据技术和管理人才;支持职业学校开展大数据相关职业教育,培育专业技能人才;鼓励高校和科研院所针对大数据产业相关技能对在职人员进行专业培训,缩短大学培养人才的周期来满足数据产业对人才的需求。三是举办一些有影响力的标准化竞赛,吸引全国优秀人才和团队参与,带动我国大数据产业发展。培养大数据领域创新型领军人才,吸引海外大数据高层次人才来华就业、创业。对于大数据人才建设,要建立适应大数据发展需求的人才培养和评价机制,并建立健全多层次、多类型的大数据人才培养体系。四是采取有效措施在我国乃至世界人才共享机制上实现突破,让优秀大数据人才为我国服务,推动我国大数据人才引进和培养实现滚雪球式发展。

9.4 加快夯实大数据驱动的基础设施

大数据驱动经济高质量发展离不开宽带、基站、新一代信息网络等硬件基础设施。应加快推进"宽带中国"战略,提高网络普遍服务水平,加速推进5G产业布局和商业化进程,催化大数据红利释放,加快推进部署IPV6,提升大数据应用广度和深度。大数据驱动经济高质量发展离不开数据中心的支撑,应加快大数据交易中心、备份中心、呼叫中心和大数据服务示范工程建设,促进大数据中心的合力布局和健康发展,构建国家大数据中心体系支撑驱动进程。一是软件基础。软件基础区别于硬件基础,主要包括法律、文化、规划等多方面软性因素,是保障大数据与实体经济快速、有效驱动的非物质条件。应加快完善制订规划、法律、配套措施等多维举措,为推进驱动创造一个良好的外部环境。应加强驱动理论研究。大数据驱动经济高质量发展是一个不断摸索的过程,在进行广泛实践的同时,应该充分研究新技术产业驱动特征和规律，分析国际驱动经验、产业案例，应及时归纳总结新的驱动模式、路径和经验。二是产业基础。应充分利用大数据产业基础，推进国家企业大数据启动应用工程，鼓励企业在智慧城市建设、智能制造、"互联网+"、电子商务等领域积极开展大数据应用。应加快推动工业可信数据空间建设，聚合不同类型工业数据，充分发挥我国在互联网应用、智能终端、超算等领域的比较优势，带动产业链上下游技术创新，奠定大数据驱动经济高质量发展的产业生态。加快大数据驱动产业园建设，积极引进信息科技巨头企业，打造形成大数据产业完整链条，积极引进具有潜力的初创公司，以培养一批产业细分领域"独角兽"为直接目标，积极开展试点驱动项目，鼓励不同类型应用大数据产品和服务。三是技术基础。在工业技术和互联网技术方面，我国核心技术都受制于人，而目前在大数据技术方面，我国与发达国家处于同一起跑线，相互之间差距并不大。应充分利用大数据发展形成的先发优势，加强数据理论、核心算法、数据分析、可视化技术、数据平台等大数据技术的研究工作，初步形成数据源-数据加工-数据应用的生态体系。应设立大数据应用专项基金，以省为试点，重点在政府办公、城市建设、民用经济领域（包括国有企业、民营企业及部门行业应用领域）推进大数据产品试用工程，在实践中检验大数据与实体经济驱动效果。

9.5 加快重塑新的发展动力

一是市场动力。市场需求是推动大数据驱动经济高质量发展的根本动力。伴随移动互联网的崛起和物联网应用的日益扩大，数据规模极速扩大，以往积淀的数据资源也得到"唤醒"机遇，各行各业对数据处理和数据分析的需求不断增加。应加快完善市场驱动机制，通过设立大数据产业创业投资基金、鼓励金融机构提供信贷支持、吸引风险投资等金融手段，通过优化招商引资服务、实施税收优惠奖励政策等招商手段，吸引大数据产业链的上下游配套企业入驻大数据中心。应发挥好土地、人才、税收、科技等政策在大数据驱动经济高质量发展中的激励作用，对实体经济企业实行差异化资源要素配置，优先考虑驱动价值高、应用范围广、可复制性强的驱动方案，注重驱动项目的市场前景、商业模式和盈利空间。

二是技术动力。技术驱动是推动大数据驱动经济高质量发展的直接动力。信息技术每十五年左右就会发生一次重大突破，应充分抓住这次技术迭代浪潮，把握大数据革命的全球性机遇。应抢夺大数据技术领域的话语权，充分发挥技术动力推动大数据驱动经济高质量发展，打造长线研发模式，大力支持我国著名IT企业、重点院校、大型信息技术研究机构强强联合，搭建合作平台，建立"从研发到应用、从应用到创新"的长效机制，为我国大数据产业发展提供原始创新、标准和人才。推动大数据企业与工业企业联合，加速工业信息高速公路和工业数据空间建设，集中精力研发面向工业的大数据应用。应重点针对当前和未来互联网发展与应用面临的挑战，研究新一代互联网体系结构和基本协议，特别是未来15~20年全球信息技术发展的技术路线，力争在目前已具备优势的IPV6标准体系、5G通信技术等领域赢得话语权。

三是变革动力。信息技术推动当今世界的产业变革、企业变革和管理变革，应充分利用变革动力促进大数据驱动经济高质量发展。应顺应产业变革趋势，推动大数据技术与制造、能源、材料、金融、环保等传统产业驱动，以大数据引领产业发展。应抓住企业变革机遇，鼓励和引导不同类型实体经济企业亲密拥抱大数据技术，通过大数据技术进行研发设计、生产管理、客户分析和市场预测，提高企业运营效率、商业价值和业务空间，推动我国企业数字化转型。应把握管理变革方向，抓住管理科学从工业时代向互联网时代的范式转移，充分运用大数据提高管理中的分析和处理数据的能力，形成管理3.0的中国范式。

四是资本动力。大数据产业拥有技术含量高、产品附加值高、自主创新率高的特点，其广阔市场前景吸引了大量资金涌入。应积极发挥资本动力，让大数据产业与金融资本充分结合，积极引导资金进入大数据驱动经济高质量发展领域。应打造优质投资平台，帮助有潜力的驱动项目，创新金融服务，让驱动进程得到资金的有效支持。要善于利用风险投资，借鉴极客公园、创客空间等新型孵化模式，打造一批便利化、专业化、开放化的大数据创业者社区，充分调动社会资源，培育一批对大数据驱动经济高质量发展充满激情的创新创业者。

9.6 加快推进政府数据资源开放共享步伐

我们在信息化、互联网中的发展迅速进入了一个大数据时代，政府统计部门与大数据有天然的亲近感。企业是大数据利用的先行者也是直接受益者，他们成为大数据应用的主力军，越来越多的企业从事数据生产、分析、交换，还衍生出很多的数据设计、数据制造、数据营销的新产品。市场在大数据资源配置中起决定性作用，企业与国家共享数据，加强合作，不仅可以提高企业的效益和效率，实现价值最大化，还可以提高政府统计部门的统计能力，使统计部门获得更加丰富客观及时的基础数据，能够建立一个更加真实全面的基本单位名录库，能够得到更加完整的调查总体，这将大大缩短数据采集时间，减少报表填报任务，减轻调查对象负担，进一步提升统计工作效能，使统计数据更加客观真实准确。政府帮助企业吸引更多有资源、有技术、有经验的人才投身大数据应用和开发的浪潮中，使企业实现转型升级、良性发展，对于推动现代化服务型统计的建设具有十分重要的作用。政府加快大数据应用战略研究，为大数据的提取、存储、分析、共享和可视化创造有利条件。大数据已成为国家重要的战略资源，政府作为公共数据的核心生产者和拥有者，要积极开发利用这一重要的战略资源。加快政府与民间数据开放共享，以催生出巨大的经济和社会价值和巨大的示范效应释放政府数据价值，有利于加快推动数据产业市场化步伐。政府机构要带头开放公共领域的行政记录等公共数据，尽快确立数据开放基本原则，同时鼓励推动企业等民间机构开放其在生产经营、网络交易等过程中形成的海量电子化数据。政府开放共享数据资源的步伐进展比较缓慢，主要是由于现行政府行政体制的自我封闭性导致的。大数据的关键所在是要统一数据资源标准。因此我们不仅要大力推动大数据统一标准的制定工作，还要加快研究建立健全大数据技术标准、分类标准和数据标准。统一数据标准是破解"数据孤岛"问题的一个关键因素。针对行政记录、商业记录、互联网信息的数据特点，研究分析不同数据口径之间的衔接和数据源之间的整合，规范数据输出格式，统一应用指标含义、口径等基本属性，为大数据的公开、共享和充分利用奠定基础，积极推动大数据开发利用的科学性、统一性和规范性。政府还要把加快推进政府数据资源开放共享步伐的着力点放在全面深化政府行政体制改革上来，这样企业等民间机构可以向政府统计部门开放大数据，从而可以更好地服务社会大众。当前，要积极推动大数据应用相关法律法规的制定，创新行政管理方式，为大数据使用者创造更好的社会法治环境，提高数据产业资源配置效率，有力保障和维护各方合法权益。

9.7 加快构建新的驱动机制

一是推进机制。应加强顶层设计，从宏观上把握大数据驱动经济高质量发展方向，充分掌握了解驱动规律和趋势，运用好政府和市场两种手段，科学制定驱动行动方案。应以项目引领带动为推进思路，以破解实际难题为推进导向，以典型示范为推进效果，集中资源打造一批驱动效果明显、带动作用强劲、标杆意义彰显的项目、企业、园区，稳步推进驱动落地见效。应进一步完善大数据驱动相关领导小组的统筹协调作用和各方积极作用，强化领导任期责任目标制度，加强监督、检查、考核评价体系建设，形成强力有效的深度驱动的推动机制。

二是协调机制。应搭建大数据企业与实体经济企业的交流平台，以举办行业对接洽谈会、学术研讨会、产业驱动论坛等多种形式，建立双方在技术、产品、运营等多方面的信息沟通机制，实现大数据企业与实体经济企业的良性交互。应完善大数据驱动经济高质量发展的管理机制，妥善处理企业在驱动过程中遇到的政策、行政管理冲突，及时解决企业面临的生产运营困难。应明确推进驱动进程的各行业管理主体，发挥好各行业主管部门在推动大数据驱动经济高质量发展过程的引导作用和管理作用，要求主观部门严格落实主体责任。

三是共享机制。应加快建立数据开放共享机制，推动政府、企业、研究机构等不同机构间的数据交易流通，加强数据资源管理，统筹整合不同来源的数据，充分利用驱动共享的数据提升政府治理能力、企业竞争力和公共服务能力。应加快不同类型数据标准体系建设，逐步推进采集、存储、流通、交易、保密等不同环节数据管理标准的制定和实施，为大数据驱动经济高质量发展做好标准支持。加快大数据企业与实体经济企业的技术和数据对接工作，加快实体经济企业对大数据企业的数据开放步伐，积极拓展大数据应用范围，探索共享互利发展模式。

四是保障机制。应加快大数据驱动经济高质量发展的保障机制构建，保障大数据驱动经济高质量发展的顺利推进。应推动数据保障机制建立，由政府部门适时统一发布大数据企业所需要的数据资源目录，引导企业搜集、整理相关数据，加快制订税务、城建、环保、社保等不同部门数据资源开放共享时间表，集中消除"数据烟囱"和"数据孤岛"，为深度驱动提供有力保障。应强化金融保障机制，加快推进企业大数据征信体系，推进大数据与金融业整合发展，创新金融服务支撑大数据驱动经济高质量发展。

9.8 加大财政资金对大数据重点领域关键技术自主研发的投入力度

近几年,美、英等发达国家政府竞相持续加强大数据重点领域的关键技术研发与应用的投入力度,以抢占大数据时代的有利位置。而我国大数据产业发展相对落后,对大数据重点领域关键技术自主研发投入不够、方向不明,这种差距不仅影响着我国大数据安全,而且在很大程度上制约着大数据产业发展。数据产业作为一个具有国家战略意义的新兴产业,要更好发挥政府的引导作用,这样能充分发挥企业加大自主研发的主观能动作用和有效市场的主导作用。自主研发创新是提高数据产业竞争力的主引擎。我国数据产业目前的情况是创新能力不强,关键核心技术对外依赖度偏高。必须充分发挥有为政府的作用,准确把握发展的方向和原则,抓住重点领域、关键环节和核心问题,找准着力点和突破口,采取切实有力的措施,加大政府财政资金的引导支持力度。为此,建议我国设立大数据重点领域的关键技术研发创新的财政专项资金,为一批关键核心技术研发创新与应用和构建具有核心技术自主权的大数据产业链提供有利的资金来源。大数据采集、大数据可视化、大数据分析与挖掘、大数据存储管理、数据安全以及数据实时在线处理、非结构化数据处理等关键核心技术在政府资金的支持下会实现长足发展。企业与政府合作形成自主可控的大数据技术架构,自主研发创新能力关键核心技术相互分享,可以有效破解制约产业发展的瓶颈。另外,要尽快完善政府采购大数据服务的配套政策。通过鼓励政府部门和公用事业的信息化应用中采购大数据技术,从而鼓励企业进行相关技术研究,加强各级政府和企业对大数据开发应用的支持力度,从而引导大数据产业发展。

参考文献

［1］贵阳大数据交易所.2015年中国大数据交易白皮书［R］.2015.

［2］贵阳大数据交易所.2016年中国大数据交易白皮书［R］.2016.

［3］朱海就.大数据、认知与计划经济——与何大安教授商榷［J］.浙江工商大学学报，2018（5）：80-90.

［4］陈秋红，朱侃.改革开放40年中国农业经济研究文献的发展——基于CNKI高被引论文大数据［J］.重庆社会科学，2018（9）：5-16.

［5］陆杉，陈宇斌.供应链中大数据分析应用研究综述［J］.商业经济与管理，2018（9）：27-35.

［6］程铁军，冯兰萍.大数据背景下我国食品安全风险预警因素研究［J］.科技管理研究，2018，38（17）：175-181.

［7］盛德荣，何华征.论大数据时代的扶贫开发与权力生产［J］.现代经济探讨，2018（9）：8-18.

［8］张长亮，韩雪雯，李竞彤.大数据背景下中国与新加坡智慧城市建设比较研究［J］.现代情报，2018，38（10）：126-131+141.

［9］冯升波，周伏秋，王娟.打造大数据引擎 推进能源经济高质量发展［J］.宏观经济管理，2018（9）：21-27.

［10］詹馥静，王先林.反垄断视角的大数据问题初探［J］.价格理论与实践，2018（9）：37-42.

［11］黄丽秋，王媛玉.贯彻十九大精神 推动大数据与实体经济深度融合——大数据时代的供给侧精准化管理［J］.商业研究，2018（9）：1-7.

［12］柯武刚，史漫飞.制度经济学［M］.北京：商务印书馆，

2000：222.

［13］阿尔钦．产权：一个经典注释//财产权利与制度变迁［M］．上海：上海三联书店，1991：166.

［14］U．S．Whitehouse，Making Open and Machine Readable the New Default for Government Information，2013.

［15］Office of Management and Budget，Open Data Policy—Managing Information as an Asset（M-13-13），2013.

［16］王伟玲．大数据产业的战略价值研究与思考［J］．技术经济与管理研究，2015（1）．

［17］魏凯．各国政府积极制定推进政策数据开放运动席卷全球［J］．世界电信，2014，Z1 期（Z1）：49-54.

［18］国务院．促进大数据发展行动纲要．国发〔2015〕50 号，2015-08-31.

［19］Kwona，T.H．，Kwakb，J.H．，Kim，K．A study on the establishment of policies for the activation of a big data industry and prioritization of policies：Lessons from Korea［J］．Technological Forecasting and Social Change，2015，（96）：144-152.

［20］World Economic Forum．Big Data，Big Impact：New Possibilities for International Development［R/OL］，2012.

［21］US Government．Big Data Research and Development Initiative［EB/OL］，2012.

［22］李国杰．大数据研究的科学价值［J］．中国计算机学会通讯，2013-09.

［23］李原，陈劲，于飞，吕佳颖，杨慧．面向汽车开发的互联网大数据智能分析平台解决方案［J］．技术经济，2018，37（9）：108-113.

［24］张云华，商永亮．大数据时代税收管理的机遇与挑战探析［J］．税务研究，2018（9）：76-81.

［25］张连增，王缔．保险大数据条件下车险费率厘定的研究——基

于 SOM 神经网络方法的车险索赔强度建模 [J]. 保险研究, 2018 (9): 56-65.

[26] 辛杰, 张兰燕. 大数据背景下企业生态系统社会责任的理念变迁与互动演进 [J]. 广东财经大学学报, 2018, 33 (5): 20-28.

[27] 邓子纲. 大数据时代企业的社会责任 [J]. 社会科学战线, 2018 (10): 91-96.

[28] 陈晓艳, 张子昂, 胡小海, 黄震方, 吕龙. 微博签到大数据中旅游景区客流波动特征分析——以南京市钟山风景名胜区为例 [J]. 经济地理, 2018, 38 (9): 206-214.

[29] 董华, 江珍珍. 大数据驱动下制造企业服务化战略: 基于"服务悖论"克服的视角 [J]. 南方经济, 2018 (10): 132-144.

[30] 桂俊煜. 大数据背景下高校财务管理专业人才培养探究 [J]. 教育理论与实践, 2018, 38 (30): 41-42.

[31] 李品, 杨建林. 大数据时代哲学社会科学学术成果评价: 问题、策略及指标体系 [J]. 图书情报工作, 2018, 62 (16): 5-14.

[32] 李红, 牛成英, 孙秋碧, 林嘉燕. 大数据时代数据融合质量的评价模型 [J]. 统计与决策, 2018, 34 (21): 10-14.

[33] 陈冠宇, 张劲松. 弥合数据、精准、扶贫之间的链接缝隙——精准扶贫第三方评估大数据运用及发展 [J]. 上海行政学院学报, 2018, 19 (6): 101-109.

[34] 薛媛. 资金市场机构大数据信息价值研究 [J]. 情报科学, 2018, 36 (8): 101-105.

[35] 程琳, 朱晓峰, 陆敬筠. 基于大数据的共享物流信息平台模型研究 [J]. 科技管理研究, 2018, 38 (15): 234-238.

[36] 石欣鹭, 田晓膺. 精准扶贫需用好大数据 [J]. 人民论坛, 2018 (22): 66-67.

[37] 申睿, 吴金旺. 教育大数据背景下职业技能培养体系研究——基于浙江金融职业学院互联网金融专业"五步走"实例 [J]. 教育学术月刊,

2018（8）：73-80.

［38］秦博，潘昆峰．人力资本对贫穷的阻断效应——基于深度贫困家庭大数据的实证研究［J］．教育科学研究，2018（8）：38-43+55.

［39］谢卫红，李忠顺，苏芳，王永健．高管支持、大数据能力与商业模式创新［J］．研究与发展管理，2018，30（4）：152-162.

［40］白君贵，王丹．大数据视角下企业信息资源整合与价值提升研究［J］．情报科学，2018，36（9）：73-76.

［41］张晓芹．基于大数据的电子商务物流服务创新［J］．中国流通经济，2018，32（8）：15-22.

［42］赵光辉．大数据与交通融合发展的特点与展望［J］．宏观经济管理，2018（8）：60-67.

［43］焦志伦，金红，刘秉镰，张子豪．大数据驱动下的共享单车短期需求预测——基于机器学习模型的比较分析［J］．商业经济与管理，2018（8）：16-25+35.

［44］岳云嵩，李兵．电子商务平台应用与中国制造业企业出口绩效——基于"阿里巴巴"大数据的经验研究［J］．中国工业经济，2018（8）：97-115.

［45］邱立新，李筱翔．大数据思维对构建能源—经济—环境（3E）大数据平台的启示［J］．科技管理研究，2018，38（16）：205-211.

［46］柳向东，李文健．金融高频数据跳跃波动研究——基于大数据核函数支持向量机的方法［J］．统计与信息论坛，2018，33（9）：23-30.

［47］王会金，刘国城．大数据时代政务云安全风险估计及其审计运行研究［J］．审计与经济研究，2018，33（5）：1-11.

［48］邵剑兵，刘力钢，赵鹏举．大数据资源的双元属性与互联网企业的商业环境重构及战略选择［J］．辽宁大学学报（哲学社会科学版），2018，46（5）：67-75.

［49］专论："互联网+"时代的大数据与商业模式创新［J］．辽宁大学学报（哲学社会科学版），2018，46（5）：67.

[50] 刘国城, 杨丽丽. 大数据下"互联网+智慧教育"安全审计模式研究 [J]. 东北师大学报（哲学社会科学版）, 2018 (5): 111-118.

[51] 王玲, 代前进, 吴晓隽. 基于预警平台大数据的事件旅游客流时空分布研究 [J]. 数据分析与知识发现, 2018, 2 (8): 31-40.

[52] 谢卫红, 樊炳东, 董策. 国内外大数据产业发展比较分析 [J]. 现代情报, 2018, 38 (9): 113-121.

[53] 迪莉娅. 我国大数据产业发展研究 [J]. 科技进步与对策, 2014 (4).

[54] 魏凯. 大数据产业发展状况及政策思考 [J]. 电信网技术, 2014 (4).

[55] 王伟玲. 大数据产业的战略价值研究与思考 [J]. 技术经济与管理研究, 2015 (1).

[56] 宋之杰、杜亚莉. 大数据产业发展及我国应对措施 [J]. 燕山大学学报（哲学社会科学版）, 2014 (2).

[57] 牛帅. 发达国家大数据战略及其影响 [J]. 国际研究参考. 2014 (9).

[58] 党倩娜、曹可. 由"概念"到"价值"的华丽转身——从产业链格局、竞争策略与商业模式看大数据产业发展态势 [N]. 科技日报, 2014-08-10.

[59] 高慧聪、戴峰. 我国大数据产业发展面临的挑战及对策 [J]. 电子商务, 2013 (10).

[60] 庄建. 我国大数据产业发展面临三大障碍 [N]. 人民政协报, 2014-09-02 (006).

[61] 宁家骏. 积极促进大数据产业发展推动我国从数据大国走向数据强国 [J]. 世界电信, 2014 (Z1).

[62] 陈立枢. 大数据产业发展态势及政策体系构建 [J]. 改革与战略, 2015 (6).

[63] 钟瑛, 王恒山. 大数据的缘起、冲击及其应对 [J]. 媒界经营与

管理，2013（7）．

［64］孙庆君．中国数据产业发展报告［J］．经济与信息，1998（8）．

［65］池莲．谈大数据产业形成路径及其产业集群发展动力机制［J］．商业经济研究，2015（17）．

［66］孙庆君．中国数据产业发展报告［J］．经济与信息，1998（8）．

［67］张弛．大数据资源扩展性探究［J］．山西师大学报（社会科学版），2015．

［68］何剑．浅析我国大数据产业发展面临的挑战及对策［J］，现代经济信息，2014．

［69］周渝，唯奕．大数据——企业运营中的新资本［J］．信息与电脑，2012（11）．

［70］孟小峰，慈祥．大数据管理：概念、技术与挑战［J］．计算机研究与发展，2013（1）．

［71］王珊，王会举，覃雄派等．架构大数据：挑战、现状与展望［J］．计算机学报，2011（10）．

［72］白云川．迎接大数据时代［J］．中国制造业信息化，2011（12）．

［73］姜奇平．大数据时代到来［J］．互联网周刊，2012（2）．

［74］刘琪．大数据能改变什么［J］．IT经理世界，2011（16）．

［75］IBM：积极推进"大数据"时代革新［J］．硅谷．2011（22）．

［76］李建中，刘显敏．大数据的一个重要方面：数据可用性［J］．计算机研究与发展，2013（6）．

［77］吕爱国，赵晓冬，郄少健．河北沿海地区数据产业发展可行性分析［J］．中国行政管理，2012（11）．

［78］李兴国．基于SWOT分析的河北沿海地区数据产业发展战略［J］．中国集体经济，2013（33）．

［79］吴薛，吴俊敏．产业生态圈视角下大数据产业集群培育的研究——以苏州为例［J］．常州大学学报（社会科学版），2015（1）．

［80］彭程，姚谦．我国大数据产业区域发展现状分析［J］．西安邮电

大学学报，2014（6）.

［81］曹凌．大数据创新：欧盟开放数据战略研究［J］．情报理论与实践．2013（4）.

［82］杨钊．天津滨海新区推动大数据产业发展的政策建议［J］．天津经济，2013（8）.

［83］宋方．大数据机遇［J］．企业管理，2012（7）.

［84］冯海超．透视美国大数据爆发全景［J］．互联网周刊，2013（1）.

［85］王劲．大数据时代的管理变革［J］．中国商贸，2013（2）.

［86］李新华．浅谈大数据时代的机遇与挑战［J］．通讯世界，2013（11）.

［87］何宝宏．大数据的四次历史变迁［J］．电信网技术，2012（7）.

［88］陈如明．大数据时代的挑战、价值与应对策略［J］．移动通信，2012（17）.

［89］汪应洛，黄伟，朱志祥．大数据产业及管理问题的一些初步思考［J］．科技促进发展，2014（1）.

［90］吴桂华．贵阳市大数据产业发展路径探析［J］．贵阳市委党校学报，2014（6）.

［91］姚群峰．移动数据产业发展的启示——建造良性循环的产业价值链［J］．信息网络，2003（1）.

［92］施利萍，张应辉，罗阿玲．大数据产业及其发展机遇［J］．软件导刊，2015（7）.

［93］曾捷．大数据产业对未来贵州经济社会发展的影响［J］．中国商论，2015（16）.

［94］李国杰、程学旗．大数据研究：未来科技及经济社会发展的重大战略领域——大数据的研究现状与科学思考［J］．中国科学院院刊，2012（6）.

［95］邓仲华，李志芳．科学研究范式的演化——大数据时代的科学研

究第四范式［J］．情报资料工作，2013（4）．

［96］朱建平，章贵军，刘晓葳．大数据时代下数据分析理念的辨析［J］．统计研究，2014（2）．

［97］张引，陈敏，廖小飞．大数据应用的现状与展望［J］．计算机研究与发展，2013（S2）．

［98］赵娜．大数据研究综述［J］．电子测试，2015（5）．

［99］胡小明．大数据应用的误区、风险与优势［J］．电子政务，2014（11）．

［100］胡小明．大数据切忌弯道超车［J］．中国经济和信息化，2014（Z2）．

［101］简惠英．浅析大数据、大生产和"大统计"的关系［J］．现代营销（学苑版），2015（3）．

［102］周禹杉．贵州省大数据产业发展面临的挑战及对策［J］．电子制作，2015（18）．

［103］施利萍、张应辉、罗阿玲．大数据产业及其发展机遇［J］．软件导刊，2015（7）．

［104］曾雷．大数据研究综述［J］．软件导刊，2015（8）．

［105］胡小明．大数据创新信息化评测方法［J］．信息化建设，2013（11）

［106］胡小明．大数据之路：以应用为中心［J］．信息化建设，2013（1）

［107］胡冰．大数据的产生与发展现状研究［J］．电子技术与软件工程，2015（16）．

［108］梁吉业、冯晨娇、宋鹏．大数据相关分析综述［J］．计算机学报，2015（9）．

［109］苏萌．大数据：未来核心竞争力［N］．光明日报，2015-08-07（011）．

［110］胡剑波，丁子格，任亚运：《我国大数据产业竞争优势研究——

基于修正的钻石模型》，工业技术经济，2015（6）.

[111] 房俊民，田倩飞，徐婧，等．全球大数据产业发展现状、前景及对我国的启示［J］．中国科技信息，2015（10）．

[112] 罗涛．大数据产业的美国经验与中国对策［J］．高科技与产业化，2013（5）．

[113] 杨再高、罗谷松．借鉴美国经验，促进广州大数据产业发展［J］．城市观察，2014（4）．

[114] 刘小刚．国外大数据产业的发展及启示［J］．金融经济，2013（18）．

[115] 曹凌．大数据创新：欧盟开放数据战略研究［J］．情报理论与实践，2013（4）．

[116] 范剑．法国开放公共数据对浙江省培育大数据产业的启示［J］．当代社科视野，2014（10）．

[117] 周衍冰．大数据产业在法国的发展及应用［J］．服务外包，2014（6）．

[118] 王忠．美国推动大数据技术发展的战略价值及启示［J］．中国发展观察，2012（6）．

[119] 汤珊红，许儒红，侯勤．大数据：信息时代大国技术竞争新领域——美国大数据研发［J］．国防，2013（2）．

[120] 杨再高、罗谷松．借鉴美国经验，促进广州大数据产业发展［J］．城市观察，2014（4）．

[121] 赵国栋，易欢欢，糜万军等．大数据时代的历史机遇：产业变革与数据科学［M］．北京：清华大学出版社，2013．

[122] 汤春蕾．数据产业［M］．上海：复旦大学出版社，2013．

[123] 郭昕、孟晔．大数据的力量［M］．北京：机械工业出版社，2013.6．

[124] 涂子沛．大数据：正在到来的数据革命，以及它如何改变政府、商业与我们的生活［M］．桂林：广西师范大学出版社，2012．

[125] 涂子沛. 数据之巅：大数据革命，历史、现实与未来 [M]. 北京：中信出版社，2014.

[126] 车品觉. 决战大数据：驾驭未来商业的利器 [M]. 浙江：浙江人民出版社，2014.

[127] 李军. 大数据：从海量到精准 [M]. 北京：清华大学出版社，2014.

[128] 王忠. 大数据时代个人数据隐私规制 [M]. 北京：社会科学文献出版社，2014.

[129] 崔小屹，韩青. 用数据说话：大数据时代的管理实践 [M]. 北京：北京大学出版，2013.

[130] 赵伟. 大数据在中国 [M]. 江苏：江苏文艺出版社，2014.

[131] 周宝曜、刘伟、范承工. 大数据：战略·技术·实践 [M]. 北京：电子工业出版社，2013.6.

[132] 朱志军、佘丛国、闫蕾等，李志刚. 大数据：大价值、大机遇、大变革 [M]. 北京：电子工业出版社，2012.

[133] 李德伟、顾煜、王海平、徐立. 大数据浪潮：探索BIG DATA之汹涌，找出人潮、钱潮、资讯潮 [M]. 台湾：上奇资讯（上奇时代），2014.

[134] 财政部国库司. 大数据时代：推开财政数据挖掘之门 [M]. 北京：经济科学出版社，2013.

[136] 罗伯特·托马斯、帕特里克·马博兰. 大数据产业革命：重构DT时代的企业数据解决方案 [M]. 张瀚文译. 北京：中国人民大学出版社，2015.

[137] 维克托·迈尔-舍恩伯格、肯尼思·库克耶. 大数据时代：生活、工作与思维的大变革 [M]. 盛杨燕、周涛译. 浙江：浙江人民出版社，2013.

[138] 桑尼尔·索雷斯. 大数据治理 [M]. 匡斌译. 北京：清华大学出版社，2014.6.

［139］艾伯特·拉斯洛·巴拉巴西. 爆发：大数据时代预见未来的新思维［M］. 马慧译. 北京：中国人民大学出版社，2012.

［140］伊恩·艾瑞斯. 大数据思维与决策［M］. 宫相真译. 北京：人民邮电出版社，2014.

［141］维克托·迈尔—舍恩伯格. 删除：大数据取舍之道［M］. 袁杰译. 浙江：浙江人民出版社，2013.

［142］道格拉斯·W. 哈伯德. 数据化决策：大数据时代［M］. 邓洪涛译. 广州：世界图书出版广东有限公司，2013.

［143］Bill Franks. 驾驭大数据［M］. 黄海、车皓阳、王悦译. 北京：人民邮电出版社，2013.

［144］大卫·芬雷布. 大数据云图：如何在大数据时代寻找下一个大机遇［M］. 盛杨燕译. 浙江：浙江人民出版社，2014.

［145］冯启思. 数据统治世界［M］. 曲杰彬译. 北京：中国人民大学出版社，2013.

［146］西蒙，邓煜熙. 大数据应用：商业案例实践［M］. 漆晨曦，张淑芳译. 北京：人民邮电出版社，2014.

［147］比约·布劳卿，拉斯·拉克，托马斯·拉姆什. 大数据变革：让客户数据驱动利润奔跑［M］. 沈浩译. 北京：机械工业出版社，2014.

［148］基思·威利茨. 数字经济大趋势：正在到来的商业机遇［M］. 徐俊杰，裴文斌译. 北京：人民邮电出版社，2013.

［149］克里斯托弗·苏达克. 数据新常态：如何赢得指数级增长的先机［M］. 徐莉译. 浙江：浙江人民出版社，2015.

［150］Kord Davis. Ethics of Big Data：Balancing Risk and Innovation［M］. O'Reilly Media, Inc, USA, 2012.

［151］Terence Craig, Mary E. Ludloff. Privacy and Big Data［M］. O'Reilly Media, Inc, USA, 2011.

［152］Raja R. Van. The Culture of Big Data［M］. Createspace, 2014.

［153］Ali Roghani, Faraz Rabbani. Big Data Overview：From a Technical

Business Perspective [M]. Createspace, 2013.

[154] James R. Kalyvas, Michael R. Overly. Big Data: A Business and Legal Guide [M]. Auerbach Publications, 2014.

[155] Isaac H. Leeuwe. Big Data Glossary [M]. Createspace, 2014.

[156] Sunil Soares. Big Data Governance: An Emerging Imperative [M]. Mc Press; 1st New edition, 2012.

[157] Babak Akhgar, Gregory B. Saathoff, Hamid R. Arabnia, Richard Hill, Andrew Staniforth, Petra Saskia Bayerl. Application of Big Data for National Security: A Practitioner's Guide to Emerging Technologies [M]. Butterworth-Heinemann; 1, 2015.

[158] Douglas W. Hubbard. How to Measure Anything Workbook: Finding the Value of Intangibles in Business [M]. Wiley; 1, 2014.

[159] Viktor Mayer-Schonberger. Delete: The Virtue of Forgetting in the Digital Age [M]. Princeton University Press; Revised edition, 2011.

[160] Lisa Arthur. Big Data Marketing: Engage Your Customers More Effectively and Drive Value [M]. Wiley; 1, 2013.

[161] David Feinleib. Big Data Demystified: How Big Data Is Changing the Way We Live, Love and Learn [M]. Big Data Group, LLC, 2013.

[162] Foster Provost, Tom Fawcett. Data Science for Business: What You Need to Know About Data Mining and Data-Analytic Thinking [M]. O'Reilly Media, Inc, USA; 1, 2013.

[163] Viktor Mayer-Schönberger, Kenneth Cukier. Big Data: A Revolution That Will Transform How We Live, Work, and Think [M]. Eamon Dolan/Houghton Mifflin Harcourt; Reprint, 2013.

[164] Services. Data Science and Big Data Analytics: Discovering, Analyzing, Visualizing and Presenting DataEMC Education [M]. Wiley; 1, 2015.

[165] Carl B. Traylor. Big Data [M]. Createspace, 2014.

[166] Xin Luna Dong, Divesh Srivastava. Big Data Integration [M]. Morgan

& Claypool, 2014.

[167] Phil Simon. Too Big to Ignore: The Business Case for Big Data [M]. Wiley; 1, 2015.

[168] Frank J. Ohlhorst. Big Data Analytics: Turning Big Data into Big Money [M]. Wiley; 1, 2012.

[169] Rob Thomas, Patrick McSharry. Big Data Revolution: What Farmers, Doctors and Insurance Agents Teach us About Discovering Big data Patterns [M]. Wiley; 1, 2015.

[170] Bill Franks. Taming The Big Data Tidal Wave: Finding Opportunities in Huge Data Streams with Advanced Analytics [M]. Wiley; 1, 2012.

[171] Michael Minelli, Michele Chambers, Ambiga Dhiraj. Big Data, Big Analytics: Emerging Business Intelligence and Analytic Trends for Today's Businesses [M]. Wiley; 1, 2013.

[172] Judith Hurwitz, Alan Nugent, Fern Halper, Marcia Kaufman. Big Data For Dummies [M]. For Dummies; 1, 2013.

[173] Steve Lohr. Data-Ism: Inside the Big Data Revolution [M]. Oneworld Publications, 2015.

[174] John R. Talburt, Yinle Zhou. Entity Information Life Cycle for Big Data: Master Data Management and Information Integration [M]. Morgan Kaufmann; 1, 2015.

[175] Colin Strong. Humanizing Big Data: Marketing at the Meeting of Data, Social Science and Consumer Insight [M]. Kogan Page Ltd; 1, 2015.

[176] Kaiser Fung. Numbersense: How to Use Big Data to Your Advantage [M]. McGraw-Hill Education, 2013.

[177] C. Catlett, W. Gentzsch, L. Grandinetti, G. R. Joubert, J. L. Vazquez-Poletti. Cloud Computing and Big Data [M]. IOS Press, US, 2013.

[178] Sherif Sakr, Mohamed Gaber. Large Scale and Big Data: Processing and Management [M]. Auerbach Publications, 2014.

[179] Robert Pollard, Nick Robinson. Big Data for Beginners [M]. Createspace, 2014.

[180] Evan Stubbs. Big Data, Big Innovation: Enabling Competitive Differentiation through Business Analytics [M]. Wiley, 2014.

[181] Jason Williamson. Getting a Big Data Job For Dummies [M]. For Dummies; 1, 2015.

[182] Jay Liebowitz. Big Data and Business Analytics [M]. Auerbach Publications, 2013.

[183] Kim H. Pries, Robert Dunnigan. Big Data Analytics: A Practical Guide for Managers [M]. Auerbach Publications, 2015.

[184] Stefanie King. Big Data: Potential und Barrieren der Nutzung im Unternehmenskontext [M]. Springer VS, 2014.

[185] Benjamin Woo. Driving Business Value with Technology and Big Data [M]. Auerbach Publications, 2014.

[186] Ian Ayres. Super Crunchers: Why Thinking-by-Numbers Is the New Way to Be Smart [M]. Bantam; 1, 2007.

[187] Albert-Laszlo Barabasi. Bursts: The Hidden Patterns Behind Everything We Do, from Your E-mail to Bloody Crusades [M]. Plume; Reprint, 2011.

[188] 大卫·A. 施伟德. 大数据经济新常态如何在数据生态圈中实现共赢 [M]. 昝朦, 沉香玉译. 北京: 中国人民大学出版社, 2015.

[189] 罗伯特·托马斯, 帕特里克·马博兰. 大数据产业革命: 重构DT时代的企业数据解决方案 [M]. 张瀚文译. 北京: 中国人民大学出版社, 2015.

[190] 房俊民, 田倩飞, 徐婧, 唐川, 张娟. 全球大数据产业发展现状、前景及对我国的启示 [J]. 中国科技信息, 2015 (10): 101-102.

[191] 王晓明, 岳峰. 发达国家推行大数据战略的经验及启示 [J]. 产业经济评论, 2014 (4): 94-98.